相声大师常宝霆

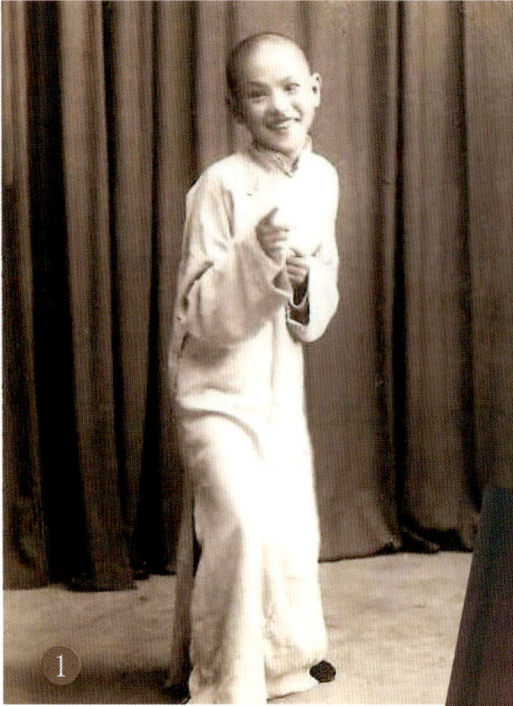

1. 少年成名的常宝霆
2. 20世纪80年代演出照
3. 常宝霆主演曲艺剧《新事新办》

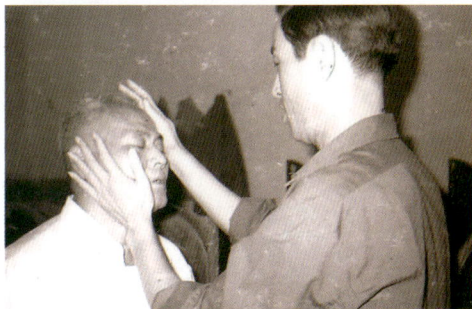

半个世纪的黄金搭档——常宝霆、白全福

常宝霆与晚年失聪的白全福排练节目

晚年白全福双耳失聪后，常、白相声默契如初

北京中山音乐堂"常宝霆先生从艺70周年暨八十大寿"相声大会演出照

常宝霆与弟弟常宝丰（左）、徒弟王佩元（右）表演相声《卖布头》

1961年第一次"常氏相声专场"留影，前排左起常宝丰、常连安、常宝庆；后排左起常宝华、常宝珊、常宝霖、常贵升、常宝霆、常贵田

后台化妆

1986年中央电视台录制"常氏相声专场"合影，前排左起苏文茂、常宝华、常宝霖、白全福、常宝霆。后排左起胡长江、王佩元、常宝丰、常贵德

1. 姜昆看望参加全国文代会的相声前辈常宝霆、马三立

2. 常宝霆、刘兰芳（中）、白全福

3. 姜昆到天津探望常宝霆夫妇

4. 侯耀文、石富宽到天津探望常宝霆

1. 20世纪80年代常宝
   霆与长子常贵德在猫
   耳洞和战士过春节
2. 给小学生辅导相声
3. 通过电话给猫耳洞中
   的战士说相声

1. 常宝霆、白全福到农村慰问演出
2. 常宝霆、白全福到工厂慰问演出
3. 常宝霆与长子常贵德到战地慰问演出

大山见面喊"老祖儿"

2014年常宝霆（左四）与外孙女常馨月（右一）一起参加天津电视台春节晚会

获中国曲艺牡丹奖终身成就奖

获国家级非物质文化遗产传承人称号

享受国务院特殊津贴并
获市级劳动模范等殊荣

20 世纪 60 年代末全家福

20 世纪 80 年代末全家福

常宝霆与儿时的第三代

常宝霆夫妇与晚辈们

晚年常宝霆夫妇

相濡以沫——常宝霆与夫人余长敏

常宝霆夫妇钻石婚庆典

全家福

常宝霆

永不落幕的相声大师

名家笑侃相声圈

孙福海　常贵芹

著

天津出版传媒集团

天津人民出版社

图书在版编目(CIP)数据

永不落幕的相声大师常宝霆 / 孙福海, 常贵芹著
. -- 天津：天津人民出版社, 2018.5
(名家笑侃相声圈)
ISBN 978-7-201-13410-9

Ⅰ. ①永… Ⅱ. ①孙… ②常… Ⅲ. ①常宝霆(
1929–2017)–生平事迹 Ⅳ. ①K825.78

中国版本图书馆 CIP 数据核字(2018)第 078179 号

**永不落幕的相声大师常宝霆**
yongbuluomu de xiangshengdashi changbaoting

出　　版　天津人民出版社
出 版 人　黄　沛
地　　址　天津市和平区西康路 35 号康岳大厦
邮政编码　300051
邮购电话　(022)23332469
网　　址　http://www.tjrmcbs.com
电子信箱　tjrmcbs@126.com

责任编辑　张素梅
装帧设计　明轩文化 王　烨
　　　　　TEL:23674746

印　　刷　高教社(天津)印务有限公司
经　　销　新华书店
开　　本　787 毫米×1092 毫米　1/16
印　　张　14.75
插　　页　9
字　　数　120 千字
版次印次　2018 年 5 月第 1 版　2018 年 5 月第 1 次印刷
定　　价　52.00 元

# 中国相声史应当记住他
# （代序）

苏叔阳

　　知道常宝霆先生大名是几十年前的事了，20 世纪 50 年代，那时候我还是个爱听相声的学生。我听过他和白全福合说的相声，节目的名称忘记了，但却深深地记住了他的表演风格。他那清朗、利索、嘎巴脆的语言，朴实又有些诙谐的笑脸，特别有观众缘。我这样的少年郎，那时最怕看见猥琐的或皮笑肉不笑的"笑脸"，倘再有"荤段子"蹦出来，会扭身逃跑，身后仿佛有家长的眼睛，被盯得如芒刺在身。常先生的"活"干净，让人喜欢。我尤其爱听他的贯口。那清楚利索如水如溪涓涓而流的话语，真叫听者过瘾。

　　后来，我才知道，他和侯宝林大师等人一起组织了"相声改进小组"，将许多传统相声去粗取精、去劣存优，并且用新社会的新观念批评旧观念，将欣赏这乃至宣扬旧道德的相声，改进为批评旧道德、旧观念，歌颂新社会、新观念、新作风的艺术品。这不是一个简单的技术性的改进，而是对相声一次由里到外的改造，是一次艺术的革命，将撂地的杂耍上升为幽默的艺术。因此也提升了相声艺人的社

1

会地位。如何看待"相声改进小组"革命性的艺术改造工作，是当今相声界一项重要的工作。不仅对相声艺术史是一个阶段性的重要篇章，而且对当下相声如何继承、扬弃旧传统，创造新作品都有启示性的意义。这次的相声革命创造和开启了相声艺术真正走入民间，登堂入室，步入辉煌的高峰。直率地说，今日相声演员之地位，之名气，之收入，皆拜"相声改进小组"丰功伟绩之所赐。以近日相声事业之低迷回首 20 世纪 50 至 60 年代之璀璨，不可不心怀谦恭，向前辈奉上敬意的同时，仔细研究他们是如何在思想革命的前提下，进行艺术革命的。这一份宝贵的经验，值得永远记取。常宝霆先生长我 9 岁，那时也才不过 20 出头，年轻时的他，很值得今日年轻而自命的"大蔓儿"好好学习。

后来，"盛极而衰"。"文革"对相声的摧残令人齿寒，在相声天地一片肃杀、几乎绝灭的时刻，又是常宝霆和朱学颖、王佩元创造的《挖宝》横空出世，立即激起热烈的反响。相声在严酷的生存状况中，找到一条缝隙，并且由此开掘出一条坦荡的路，这个功绩也应当书之相声艺术史，令人永久地记住。我们常常记住大而热闹的事件，却往往忽视那些表面细微却意义深长的事件。这不是史家和思想家的品格。历史和生活中，常有一时为传媒和社会所关注所喧闹的事情，不过是过眼烟云，转瞬即为岁月所抛弃。例如，某明星的"艳遇"，某笑星的小病。而那些影响历史和某个领域走向的事件，起初也许是默默无闻或者至多引起小小波澜，又归于沉寂。然而，当仔细盘点历史，它就会摆脱身上岁月的灰尘，显露出光彩，让人们刮目相视。今天看来稍稍直白了一些的《挖宝》，就是这样一段让相声重新崛起的第一炮，他的功绩谁也无法否定，而应当仰视。常宝霆先生一生至少有此两大历史性功勋，人生如此者，寡矣！为这样一位艺术家树碑立传，岂不理所应当！

常家世代从艺，确定了常氏相声的独特风格：旧社会，不同流合污，高标立洁；新国家，有为国捐躯的烈士，有为艺术做出历史性贡献的艺术家；有几代钻研艺术的演员。这样的家庭，也应当是艺术史家研究的对象。以为后来者学习、镜鉴。我怀着深深的敬意，作此短文，仅为本书之前言，以引诸公之煌煌高论也。

# 目 录

# 引 子

2008 年常宝霆成为"国家级非物质文化遗产(相声)传承"第一人。

2012 年常宝霆荣获"中国曲艺牡丹奖终身成就奖"。

常宝霆享有的这两项殊荣,彰显了业内权威人士、相声同仁、众多相声理论研究人员对相声这一口口相传的说唱艺术的了解和定位的精准。对于常宝霆先生来说也确为实至名归。

常宝霆的一生,是在中国半部相声发展史中摸爬滚打过来的。从一出生,眼睛里看的、耳朵里听的,都是和相声有关的人和事。

他目睹了父辈相声名家们是怎样怀抱着经典地传统段子,从被视为"杂八地"的"黄与荤"的泥潭中艰难地爬出来。他历经了幼年从艺的艰辛,也体会了登台就得"娃娃红"的欣喜;他饱受了相声艺人被欺凌的生活,也收获了相声艺术带来的幸福和声誉;他享用了父兄努力编织的相声艺术摇篮,也殚精竭虑地与父亲、大哥及兄弟们一起创建形成了承上而求新、规矩且火爆、帅气且诙谐、贵气且亲民的常氏相声流派。

当 20 岁的他从旧中国的"艺人"成为新中国的"文艺工作者"时；当参与相声改革被誉为新中国文艺做贡献时；当观众和业内将他与大他十几岁的老艺术家共同视为相声名家时；当大哥牺牲那万人空巷的祭奠和常氏被称为"相声世家"时；当进中南海演出后与周总理畅谈时；当他走入政协礼堂、迈进文联会场，体验当家做主人的那一刻时；当广大观众热情的、经久不息的掌声送给他时……新鲜的、清澈的、激情的、亢奋的、感动的种种所带给他的，是步入新的社会后要为广大观众和相声艺术奋斗一生的信念！

他从小在老相声艺人堆儿里长大，精通上百部传统相声中每一桥段的精髓、他熟知几十名相声宗师各自的特点，却丝毫没有一点儿旧艺人的旧习、旧风、旧俗；他力求创新，从 1958 年开始，三十多年中自己或与别人合作创编了五十多段新相声。为创作，他常年体验生活在工厂、农村及各行各业中。他喜于耕耘，精心授艺给每一个相声晚辈和喜好相声的演艺者。他热爱观众，不计其数地义演在战地、田间、兵营、学校……在一切有观众的地方！

当"文革"时期相声被视为"封资修"，37 岁的他蹲"牛棚"、拉大幕时，心里却仍留有一块温暖和坚硬的地方存着他的"说、学、逗、唱"。

也许是他成名太早，也许他觉得来自观众和社会给予他的已足够多,他一生力图奉献、崇尚付出,任何名利他都不为所动。他为人谦逊、尊老爱幼,但凡熟悉他的人无不赞叹。

他最后一次参加相声界的活动是 2014 年 7 月,他应邀参加天津广东会馆的相声大会,那天他正在咳嗽发烧,家里人都劝他不要去了,可他说:"答应的事就得做到,我没问题,走吧。"他坚持参加了整个活动,没有人看出这位85 岁的老艺术家正在发烧,没人知道回家后他的咳嗽转成了肺炎。

在因慢性阻塞性肺炎两次发作,每天靠定时吸氧保持血氧的那些日子里,他意味深长地谈起他父亲常连安那种种传奇式的故事;他大哥常宝堃使"活"时那无人可及的现场"抓彩";他自己小时候练贯口、练各种唱腔、各种方言所下功夫和吃苦头的往事。精神好的时候还主动给身边的人唱上一段太平歌词、说几个传统的小垫话,许多都是下一辈的人头一次听到,虽然因为气力不行唱得不连贯,可那浓浓的韵味还是带给大家震撼以及莫名的伤感!晚辈们纷纷用手机、ipad 记录下这宝贵的声音。

亲人们深深地感觉到,他在生命的尽头,用自己的心灵极力去触摸那渐渐离他远去、又渐渐回归他怀抱的相声艺术;那从一出生就伴随着他,并为之倾尽一生心血,他再熟悉不过、却又不无遗憾的相声事业。

他常常追忆随父兄创建传承常氏相声流派曾给相声

带来的贡献和给常氏众多的家人带来的辉煌;他欣慰许多他熟悉的相声晚辈已经成才,他渴望看到在新时代、新文化背景下能涌现出更多相声流派的创作、表演人才;他惊于现在说相声成了广泛的爱好,喜于网络让相声有了空前的热度和广度。而让他最为焦虑的是如果广普的相声只流于插科打诨、贫嘴嘻骂,就流失了相声作为艺术的高度和深度,他真希望现在更具有文化底蕴的晚辈,让相声传统中真正的精髓得到应有的升华和提高!

他九弟常宝丰一度热衷做生意,他多次劝九弟别把苦学多年的相声艺术丢了,当其九弟重回舞台向他请教《卖布头》时,他显得异常地兴奋,“老九又说相声啦!”2015年元月4日午间,当子女告诉他“今晚九爹在谦祥益参加一位弦师的义演,演的就是前些天他又让您给指点的《卖布头》”时,他脸上露出欣慰的微笑。没想到,当晚八点他就与世长辞了!

相声,是常宝霆追求和奋斗一生的事业,在纪念“常氏相声百年”的活动中,我们拟将他艺术人生中能启迪后人的经历予以汇总,重现他从小在与相声的不解之缘中显现的天赋和努力,追溯他的传承、创新与突破以及别具一格的相声特色的形成,品味他高调做事、低调做人的人性品质,还原他在起伏的相声史中每每关键时刻如何为相声的辉煌做出的贡献。我们不想也自觉缺少体验和时间把此书写成个人传记或回忆录,也不是泛泛地为其从艺生涯评功摆好。揭示以往,旨在让大家了解常宝霆先生的同时,为当前的相声发展能提供些许有益的参考,这就是我们不负常宝霆临终心愿和出此书的目的。如业内同人和读者看过此书,认为我们朝此方向努力了,即觉足也!足矣!

# 第一章 嫡传真谛

## 一、挑帘红的"三蘑菇"

### 1.初次登台满堂彩

1938 年的一天,9 岁的常宝霆与父亲常连安、大哥常宝堃(艺名"小蘑菇")首次登上了当时天津最高雅的"十样杂耍"(中华人民共和国成立后"十样杂耍"在全国第一次文代会上更名为"曲艺")园子——小梨园,这个园子二三流演员是很难登堂入室的。当时"攒底"的是"鼓界大王"、刘派京韵大鼓创始人刘宝全,倒二是"相声大王"张寿臣。经常在这里演出的有荣剑尘、金万昌、林红玉、谢瑞芝、王殿玉、大茄子、郭荣起、韩永先、常澍田、罗文涛等顶尖艺人。观众大都是上层人士,诸如士绅商贾、文化名流和租界中的寓公、遗老遗少。居住在津的清逊帝溥仪和宗室亦来此观赏演出,抗日将领吉鸿昌、张学良等也是这里的座上客。一些大商家、银号、钱庄业者还在这里长期订有包厢或固定席位。小梨园的布局是这样的:台下是包厢,后边是散座,是当时唯一卖票的杂耍园子。这里有史以来从未让这么小的孩子登过台,虽然常氏父子已在津门享有盛誉和影响，但9岁的常宝霆行吗？资方老板是以赚钱为目的，不允许任何人砸牌子毁声誉，演员必须为园方叫座。

当时常宝霆已会七八个节目，首次登台表演的是《小孩儿语》。第一次正式给观众演出，常宝霆除了有些紧张就是非常的期待，换上家中给他新做的小大褂儿，跟着父亲和大哥往台上一亮相，爷儿仨还没张嘴，台下已响起了一片掌声，接着就有人喊："好小孩儿！"跟着就是观众更热烈的掌声。这9岁的常宝霆长得漂亮精神，秀气的脸庞，高鼻梁、尖下颏，一双有神的大眼睛和一口整齐的白牙，尤其是那剃光了的小脑袋又圆又逗。"这是给我的掌声！"常宝霆有些兴奋，学着父亲和大哥笑着给鼓掌的观众点头作揖。"碰头好"有了，效果会如何，常连安与"小蘑菇"心里都在打鼓。因为他俩都明白，这次演的怎么样，对今后常宝霆吃这碗饭至关重要！常宝霆在《小孩儿语》的第一句台词应该和小蘑菇一起笑

常宝霆（三蘑菇）与常宝堃（小蘑菇）

着"使相",接常连安的话说:"嗳!"但是,由于有了"碰头彩",常连安和"小蘑菇"不好直接入活,就得对观众给的这个"碰头彩"客气一下,这是规矩。可这一客气,台上的词就变了,大家的兴趣都集中在头一次亮相的常宝霆身上了。常连安明白这活也得从他那入才能有好效果,他赶紧接过"小蘑菇"介绍他三弟的话,问常宝霆:"你跟着上来,会说相声吗?"然后紧张地看常宝霆怎么回答,因为这可是在家溜活时没有的词。没想到,常宝霆一点儿没害怕,原先笑着的小脸立刻绷起来了,瞪着大眼,回了一句:"不会说我干嘛来了?!"太棒啦!这一本正经、理直气壮的反问,尺寸、劲头、表情,逗笑了观众,也逗乐了父亲和大哥。好!头一个"包袱儿"响了,下面就好演啦!常宝霆这种随机应变的能力和整场的台上表现,让常连安与"小蘑菇"高兴坏了。他聪颖的反应和艺术天赋在第一次登上舞台就显现无疑。这场演出轰动了相声界和天津媒体。从此,人们顺着"小蘑菇"排序,他的三弟常宝霆便以"三蘑菇"的艺名传开了:"'小蘑菇'家又出了个'三蘑菇',好!是说相声的料。"

2.人小艺精传声名

"挑帘红"还不能仅仅是首次登台,三蘑菇在小梨园演出之后,常连安即让他在北京自家经营的启明茶社登台献艺,"三蘑菇"在启明茶社登台之后的三年内,便掌握了《抡弦子》《学坠子》《大相面》《打面缸》《报菜名》《地理图》《大上寿》《对对子》《摔孩子》《影迷离婚记》《闹公堂》《大保镖》等八十多个段子。他小小年纪，说、学、逗、唱样样俱佳，活路极宽，他的表演口齿清楚、嘴皮利索、节奏快捷、神情自然、身段潇洒、趣味横生。尤其是柳活节目，他嗓音清脆、学什么像什么、学谁像谁，每段唱都有特别的韵味，现场效果十分火爆。很快就成为京、津两地家喻户晓的名角。

20世纪40年代的媒体主要是报纸杂志和电匣子（收音机），电匣子又不是家家都买得起，报纸杂志就成了首选。听老人们说那时候评论"三蘑菇"人小艺高的报道非常多。现将其中查找到当时对"三蘑菇"常宝霆的一些评价、报道全文摘录如下，由此可见，当时观众对"三蘑菇"的喜爱和欢迎程度。

1942年《新天津画报》刊登一篇署名白头的记者的文章，标题为"三蘑菇口技出众"。

相声一技，在杂耍中，以诙谐为主，所谓学、说、逗、唱四字。固皆为相声之主题，而要皆以饶有趣味，引人发噱为依归。近来此中人才辈出，不乏名手，而余独赏识三蘑菇之口齿伶俐，模拟各处方言、各种曲调，均能妙肖，后生可畏。来日方长，尚能从此再加研究，益求进步，在相声界定当放一异彩也。前夕于无线电中听其与佟浩如合演《学坠子》一段，所学袁美云之

《四季相思》、王人美之《渔光曲》以及程玉兰、乔清秀之河南坠子,嗓音清澈,语音逼真,确有为其他相声名家所不能及者。以一孩提之童,居然于学、说、斗(逗)、唱四字,曲尽其妙,洵非易易。但望循此途径,精心创作,勿流于贫俗,斯尽美矣。

还有一份报纸叫《什样杂耍》,署名仙鹤的记者曾发表了一篇文章,标题是"三蘑菇可称蘑菇头儿"。

常连安第三子三蘑菇的相声,在他们蘑菇门儿里真可以说算是拔了尊了。漫说是老蘑菇比不了,小蘑菇也得往后挨挨。打头说,人家孩子生就来的悚奸坏的像儿,在搭着赛过梆子的嘴皮子,比小巴狗儿还灵的小心眼儿,抓哏方便快当。包袱抖得俏皮、精神,使得滑稽神气,通常不笑。更难能可贵的是他爸爸"量"得也严,最能落好儿,这孩子的前途真是不可限量。

在另外一篇报道中,刊登了启明茶社纪念三周年演出的广告,"三蘑菇"名字居首。后有"二蘑菇"、赵蔼如、华子元、侯一尘、张寿臣、常连安、郭荣起、吉坪三、刘德志、冯立樟、王长友、侯少辰、四蘑菇、黄鹤来。

"三蘑菇"火了,11岁时就开始在启明茶社拿份子钱,而且是一个整份儿。何为整份儿？当时是"按份取酬"，艺人最高的定10厘份，其他的为9厘份、8厘份、7厘份……最少的为3厘份。除特殊情况，如邀张寿臣"攒底"，可以拿两个人的份，郭荣起与刘宝瑞搭档时火遍京城，如只在启明茶社演出，可以多拿半个人的份，如还兼演别的剧场、电台、堂会，也只

少年成名的常宝霆

能拿一个人的份，即10厘份。常宝霆能在启明茶社拿10厘份，即一个整份儿，这在当时的同龄人中是不可能的，小孩都是拿零钱。也就是说每天分完钱后，小孩们分剩下的零钱。苏文茂和几个小孩儿在常宝霆拿了三四年的整份儿之后，还在拿零钱。而且谁能拿多少份子钱，要看叫座赚钱多少，观众点你的多，你就能多拿，否则你多拿其他演员也不干。可见常宝霆当时年龄虽小，受欢迎的程度可不小。

　　常宝霆的"红"，不是一蹴而就的，也绝不是靠简单的几段节目的机遇，业内有句话，叫"学十年，红十年，养十年"，意思是一时成名易，终生维持难。许多人是红一时，很难红一辈子，而常宝霆的表演终生没有低潮。

11

## 二、从艺之家的苦与乐

1.天赋:源于耳濡目染的启蒙

1929 年腊月初五(阳历 1930 年 1 月 4 日),北京西单牌楼旁一座老四合院传来了婴儿的哭声,靠变戏法、说单口相声卖艺为生的旗人常连安,在他 30 岁时,迎来了他的第三个儿子,也是常连安第二任妻子、孩子们的"胖妈"赫淑青生的第一个儿子。常连安给这个三子取名常宝霆。当时 7 岁的长子常宝堃已经随常连安先生在北京天桥及河北张家口等地"撂地"卖艺,因其反应机敏、口齿伶俐而得到观众喜爱,并得盛产蘑菇的张家口观众所赐"小蘑菇"绰号为艺名。当"小蘑菇"第一眼看到这个眉清目秀、非常漂亮的三弟时心里就充满了喜爱,逢人就说,我三弟弟可好看了!

这个漂亮的老三没有辜负常连安一家人的喜爱,从小聪明乖巧,跟在大哥常宝堃、二哥常宝霖的屁股后边,哥哥们做什么他就学什么。他两岁那年大哥宝堃拜张寿臣先生为师正式开始学习相声,常连安也由张寿臣代拉为师弟。两年后,这位聪明过人、极富天才的大哥"小蘑菇"已成为张寿臣先生最得意的弟子,并逐渐在天津、北京走红。而刚刚有记忆的四五岁的常宝霆,每天看到大哥他们摇头晃脑地背词、和大人们对活,演出时受到人们的追捧,他也跟着哥哥们在那学着说:"干什么来了,说相声来了……会说几段呀？会三段，第一段会什么？会吃。别挨骂了！""吃的什么饭呀？吃窝头。别说吃窝头，说吃饺子。饺子什么样儿呀？上边一个尖儿，底下一个窟窿……还是窝头啊！"还时常哼哼个小曲儿，大哥和二哥看着好玩儿，也时不时地教他几句，他学起来那惟妙惟肖的表情和语调逗得母亲及姐姐们哈哈大笑。可令人想象不到的是父亲常连安却时常呵斥："不许乱说！"吓得他赶紧住嘴，可是因为特别喜欢让大家说他学得像，趁父亲不在家时他还是偷着去学。

等他又大了两岁，有一次父亲将他和二哥宝霖、四弟宝华，还有在家的姐妹们叫在一起，先讲起他自己当年带着他们大哥宝堃走街串巷变戏法的情形，说着说着他老人家拿出在家中保存的戏法道具，让所有的弟兄姐妹们围坐一圈。他表演"仙人摘豆""空碗取酒""九连环"等手彩儿节目。这些道具孩子们都见过，可是看父亲正式的表演还是第一次，看得他们弟兄眼花缭乱，惊讶不已。尤其是他那娴熟的动作、幽默的语言，逗得大家笑个不停。忽然，常连安问常宝霆，"你看了半天，看出这里面的'门子'没有？"宝霆一脸懵像地摇摇头，"为什么没让你们看出来？"所有在场的人谁也回答不上来。这时常连安严肃地说："这是我练了几百次、几千次才练出来的。艺术不是儿戏，要想学艺术就要首先对艺术负责，要树立勤学苦练精神。"常连安一边收拾道具，一边又语重心长地说："什么都不是一看就懂、一使就会的。你们的大哥他多聪明,可也得经过苦学苦练的啊!你们看他在台上火,在私底下练得嗓子都出血了你们知道吗?我在刚吃这碗饭的时候,白天在外面奔波一天,累得晚上都上不去炕。可等全家人都睡着了,我一个人还得偷偷地练到半夜。听明白了吗?"常宝霆和在场的孩子们连忙说:"听明白了!""好!听明白了,从明天起老三和老四开始练功。"

2.苦练:"三蘑菇"从父亲那里获得的第一个从艺概念

究竟怎样苦练?苦到什么程度?是他自己、也是现在所有说相声的演员都想象不到的。

"三蘑菇"最怕的就是父亲所说的"练功"。排练时站在前面说大段贯口活儿,说得最多的就是《报菜名》《开粥厂》《八扇屏》《地理图》《三节会》等段子和绕口令,当时他7岁、常宝华6岁。他形容的一句话就是"那个阶段,我和宝华俩人腮帮子里的肉总是烂着的"。练之前,父亲先提要求:"得做到吐字准、声调俏、嘴有劲、板眼对。"哥儿俩一人一屋,不能聊天,不能说闲话,连使个眼神相互都看不见。父亲手里拿着个扇子或者拿把戒尺,一会儿站着,一会儿坐下;一会儿出屋,一会儿又进来,听着他们一遍一遍地练习,父亲嘴里还不断地说着:"声音再大一点!""这句重来,咬字不清!""这段不对,板眼错了!"什么轻重音不对、听不见、听不清都不行。在父亲的监督下,哥儿俩有板有眼、高声地背诵,一练就是两三个小时,真是有点儿吃不消。经常累得口干舌燥，两腿发软，满头大汗。刚想停下来喝口水，父亲过来了："哎，接着练！说这么一会儿就想找水喝，以后到台上怎么办？"有时候，他们背着背着，嘴就不听使唤了，台词也囫囵吞枣地一句句滚过去了，父亲走过来，用扇子或用手指头，照着他们腮帮子使劲捣："这地方不使劲，你那个字是出不来的。"甚至用戒尺伸到嘴里点给他们用哪块肉去使劲。几下戳下来，嘴里就出血了。这样他们哥儿俩嘴里总有还没长好的嫩肉又破了。有时候让他们对着窗户纸大声背，窗户纸上不能有唾沫星子，只要喷出唾沫，腮帮子照样挨戳。练习中父亲严厉的眼神让他们不敢哭出声，只有含着眼泪继续背"贯口"，直到父亲认为基本达到嘴皮子利索、吐字清楚为止。父亲常说："这点儿苦算什么？我小时候学戏，没有一天不挨板子的，而且每个学生都是如此，我的大腿两侧和后背总是青的。后来我嗓子坏了不能唱戏了，怎么养自己的母亲呢？'撂地'学魔术，吃的苦你们是想象不到的！苦吗？你们就得学会在苦里树立不服输、不认头、不甘心别人比自己强的那股劲儿！"

那时候常宝霆由于年龄小还理解不了父亲对他们说这个话的含义，面对每天吃的这个苦，在他们幼小的心里也是想法颇多的。常宝霆讲过这样的事："当时家中的女孩子都比我们读书多，我们的主要任务就是学艺，而偏偏又这么苦，这么难！我们那个时候也觉得很委屈。"他记得有一天，四弟宝华小声问父亲："爸爸，我不学相声了。我上学行吗？"父亲听罢没言语，伸手先给他一个大嘴巴，宝华"哇"地一声哭了。父亲低下头，沉默了好半天。然后语调低沉地说："你大哥宝堃，5岁就替家里挣钱，跟着我风里来雨里去。我并不是不知道你们应该多上学，可咱这一大家子，你也上学，他也上学，吃饭怎么办？我过去饿怕了，决不能让你们再挨饿。男孩就得养家，就得下苦功夫，把相声练好了，练出惊人艺来。"父亲的眼圈儿红了，常宝霆的眼圈也红了。父亲接着说："咱家的女孩子可以上学，不能从艺，从艺就要有人捧，就容易掉进大染缸，再苦再累，我也要让咱家的女孩子有尊严。"常连安沉甸甸的话第一次让常宝霆心中有了一份责任感。

当他逐渐了解了父亲的经历后慢慢地明白了，父亲为什么要这样要求他们，为什么要让他们吃这个苦。

常连安的爷爷，满族，姓肇，是随朝进京正白旗的官宦人家。起初是吃朝廷俸禄，生活比较富裕。常连安的父亲饱读诗书，很有教养，琴棋书画样样都会。常连安小时候名叫常安，出生以后实实在在地过了几年好日子，他爷爷喜欢京剧，家里头三天两头有戏班子堂会，他父亲供他读私塾。谁知在刚读了三年私塾的时候就赶上八旗子弟减俸禄，后来又取消了俸禄。没了俸禄的八旗子弟穷困潦倒，常连安父亲又一病不起，为了治病卖光了家当，最终还是抛下了一贫如洗的家和8岁的常连安。母亲改了嫁，并把从小喜欢京剧的常连安送去学戏，结果遇到坏人把他给"拐卖"到海参崴的戏园子，在那得了重病差点儿丧了命，是好心的戏迷和同行花钱请大夫把他救了。捡了一条命的常连安越发思念母亲，一心想逃回北京。那个时候将近两千公里的路程谈何容易！在好心人的帮助下，搭顺路的马车，甚至还搭乘过拉死人的车，没有车搭时就打听着北京的方向靠两条腿走，有时候一走几天，脚脖子肿得老粗，硬是用两三个月的时间一路逃回了北京，见到了因为想念儿子差点儿哭瞎了眼的母亲。回京后他为减轻继父的负担，曾靠给人写书信、教唱京剧赚钱，还干过各种杂役。他母亲和继父因为看他对京剧非常迷恋又有基础，就托人让他进了富连成京剧班子，进班后常安的名字中间加上了连字，和马连良成了师兄弟，专攻老生，后来因为嗓子坏了吃不了这碗饭了，就逼着自己学变戏法、说单口相声，"撂地"卖艺谋生。尤其是成家后，为养家糊口吃尽了苦头。常宝霆听大哥讲过这么一件事："小蘑菇"小时候随父亲在张家口"撂地"。一次大雪刚停，气温是零下二十多度，可以说是滴水成冰。可是不出去挣钱，全家就得挨饿。没办法，他们爷儿俩到了类似天津"三不管"的"怡和市场"，地上的雪有一尺多厚，他们借了把笤帚，打扫出一块场子，敲起锣鼓招揽观众。见人围了上来，便开始表演。父亲常连安与大哥"小蘑菇"先说了个逗笑的小段儿，然后变戏法，吞铁球……但天气太冷，看"玩意儿"的人太少,钱打得也不多。常连安想起饥寒交迫的一家人,心一横让"小蘑菇"把棉袄脱了。"小蘑菇"脱下棉袄,冻得直打哆嗦。常连安拿出一根木棍儿,将"小蘑菇"两手放到背后,攥住木棍儿的两头儿。然后他攥住木棍儿中间,从下往上提。"小蘑菇"的两只小胳膊很快就翻到了脑后,疼得他闭上了眼睛。这时,往场子里扔钱的还不多,怎么办?常连安紧咬嘴唇,一狠心,一使劲,"小蘑菇"的胳膊翻过了头顶,眼泪涮地就下来了。这时,一位身披老羊皮袄的大汉一个箭步冲进场子,吼道:"你快把孩子放下来!"常连安愣住了,放下儿子,茫然地望着大汉。"你不就是为了多挣俩钱儿吗?我给了。"大汉说着掏出一把铜子儿,扔到地上:"哼,他准不是你的亲生儿子!""小蘑菇"正活动着酸疼的两臂,一听这话,赶忙搭茬儿:"大爷,您这回可真没猜对,他还真是我亲爹。"常连安扭过头去,悄悄抹了把眼泪。这仅仅是他们"撂地"的一个例子。

常宝霆的母亲那时候也随父亲"撂地",在张家口外大雪纷飞、冰冻三尺的天气里,母亲的鞋底都走掉了,光剩下鞋帮,愣这样赤脚在雪地里走了好几里路……

每当常连安回想起这些就心里发颤,他不能让家里人再过那种日子啊!

常连安这个人非常特殊,他童年时曾享有皇族带来的优越舒适的生活,而少年时却品尝惨遭欺凌、濒临死亡的绝望,近青年时从"富连成"的崇高志向跌到吃开口饭的凄苦谷底,种种经历使他过早地读懂了社会,一切都得靠自己去拼!他这与众不同的人生经历和对博大精深京剧艺术的痴迷,使他后来在靠说相声这市井文化的行当讨生活中,不屑于那些取悦民众感官的"荤段子""臭活"。他深知想让儿子们远离这些东西就得让他们长能耐!靠"荤口""臭活"混口饭容易,靠长于别人的能耐挣钱不容易。"不吃苦中苦,难成惊人艺!"这是常连安常说的一句话。

自从常宝霆慢慢理解了父亲的苦心,在学艺上也从被动吃苦到主动找苦,心中也打上了"艺不惊人死不休"的烙印。

3.严管:"家法"是制约"蘑菇团"的利器

常连安教子有方在圈里是出了名的,孩子多、成名早、圈里乱、社会杂,他又目睹了许多有才华的艺人因为染指嫖、赌、毒而败落一生,他不但自己远离这些陋习,对孩子们的要求也非常严苛。为了让孩子们远离邪门歪道,走正路,长吃饭的本事、挣钱的能耐,除了为学活、对活、学唱以及一切为相声的活动之外,很少放他们出去玩儿,孩子们玩儿的最多的就是在家里扮上各种人物唱大戏。

常连安对常宝霆他们弟兄几个,从幼年就要求不许吸烟、不许饮酒,更不许干坏事。孩子们上台最初都是父亲常连安给捧哏:"台上没大小,登个板凳,肩膀一齐成弟兄。"这是常连安在开场垫话中总说的,可是他常常还加上一句:"回家以后我们可就家有家法、铺有铺规了!"常连安这句话说的可是实情,常家管教孩子是真备有"家法"的,那就是在他家里中庭墙上挂着的一块三尺多长、两寸多宽的竹板子,儿子们小时候屁股上没少留下它的痕迹。而且施行"家法"时,任何人不能说情,被打的人将裤子一脱,趴在凳子上不许哭、不许嚷、不许叫,若是哭、叫、喊,加重处罚。"执法"的常连安下手也非常狠,这一板子下去,屁股就一道檩子。有的子女一听说动"家法"就吓得两腿打哆嗦。他们稍大一点儿后,打屁股就改成打手心,反正不小心就挨打,他们哥儿几个凑一块总能说出几段挨打的经历来。练活偷懒啊,使活不认真了,在台上忘词、懈怠或对老一辈艺人不够尊重等等,都要挨打。

二哥常宝霖有一次挨打是他难以忘怀的。那天他在台上演非常熟悉的《数来宝》,其中:"数来宝,很容易,你要不会我教给你。"第二句必须要顶板唱,最后才能落在板上,常宝霖一不留神没从板上起,而是眼起眼落,听起来很别扭。常连安二话不说,回到家动用了"家法",常宝霖不仅挨了板子,而且转天一个上午光背这一句台词。有一次,常宝霆和二哥常宝霖在家里排练《报菜名》,常宝霆逗、二哥捧。背过多少遍的段子了,又不是在台上,常宝霆说着说着就走神儿了,当时人也累,天儿也热,便张嘴打了个哈欠。没想到,父亲在旁边正盯着他们哪!他"啪"一拍桌子,说:"打住!你们这是排练吗?纯粹是起哄!要是在台上这么懈怠,那还算是什么演员?"吓得他们俩没敢言语。打那以后,排练时谁都不敢随便走神儿了。

常连安要求孩子们出门都得穿戴整齐，见人有礼貌，说话文明。要是谁不搭理人、说话耍横带脏字或在外边打架挂了彩、衣服弄成土猴一样，也少不了挨训、挨板子，出格的事想都别想。

"三蘑菇"从小衣服总是穿得板板实实，无论长衫短打还是棉袄皮猴，经他一穿就显得精神。他还特别会叠衣服，尤其是演出下场后，在后台把小大褂儿一铺、一折、一叠，又快又平，然后整整齐齐放在包袱里，宝霆这叠大褂儿的绝活多少年后还有人让他教呢。那时候他的衣服多半是穿哥哥们穿小了的，可经"三蘑菇"一鼓捣，平平整整穿在身上跟新的似的，不知情的外人还以为常连安总给"三蘑菇"买新衣服呢。成年以后，和常宝霆一起演出的演员都知道，常宝霆一穿上大褂儿就不会再往椅子上坐，怕大褂儿弄皱了上台不好看。他讲："演员的服装是否整洁利落，标志着一个演员的精神面貌和对观众的礼貌。"这是他从小养成的习惯。

在弟兄中他也是比较听话、讲礼貌、懂规矩的。他从小乖巧，见人就爱笑着打招呼，在外边也很少惹祸，挨板子大都是因为和兄弟们打架。可有一次被"家法"伺候，他印象很深。在启明茶社演出时，正是贪玩儿的年龄，可是他们弟兄几乎很少有玩儿的时间。用常连安的话说："你们眼下正是学艺的时候，应该多学少贪玩儿。"有一次，"三蘑菇"因为去看自己特别喜爱的篮球比赛,结果把上剧场的时间给误了。说是误了,其实只是没有备场时间了,父亲却把它当成了严重事件,声色俱厉地说:"你一个人误场把后台整个都给打乱了。这是对观众不负责任啊!咱每天起早贪黑地练功、排练,究竟为了什么?观众从大老远的坐车来,花钱买票又为什么?不都是为了台上这几十分钟吗?甭说是因为玩儿了,就是家里死了人,也得照样不能误场!"结果"三蘑菇"挨了"家法",还整整被惩罚了三天。

4.开明:"蘑菇"家族从艺求新的动力燃料

别看常连安又是"家法"又是家教,可是常家却没有什么封建的习俗旧规。从常连安让女孩们都读书就可以看出,他没有重男轻女的思想。虽然家里每天演出都有进项,无奈孩子太多,生活还是拮据,家里的男孩子早早地就得登台赚钱养家,根本就没有去学校读书的机会。可无论家里多困难,就是吃窝头也得挤出钱来让女孩们上学,这是常连安坚守的信念。为了利于男孩们技艺的提高,常连安花钱给孩子们请了个私塾老师,这样常宝霆和兄弟们在演出、练活、练嘴皮子的空档可以跟着私塾老师念书,后来随着家里人口的不断增加,断断续续请了三年的私塾先生也就停了课,可就是这三年的文化学习,常宝霆觉得受益一生。

常连安还特别喜欢新鲜的事物和新鲜的东西,那时什么话匣子、照相机、自行车、西裤背带、皮猴儿,他都稀罕,也不反对孩子们感兴趣，只要勒勒裤腰带能买，他就买回来。尤其是唱片机，这可是说相声人的宝贝，一张唱片可以反复地听，比去园子、听话匣子方便多了。他觉得这新东西让孩子们长见识，使活现挂时脑子阔、活路宽。他在一次给"三蘑菇"说活时说："论机灵你不输你大哥，可把活使得又规规矩矩又现时现活，你得和大哥好好学，做到这份上肚子里得有玩意儿。"

父亲尽量把他知道的东西教给孩子们，比如都有哪些戏曲类别、曲目、特点、名角，讲各种曲目的区别、历史典故，等等。还有就是给他们讲一些相声场上的规矩，道具怎么用，比如相声演员用的扇子，老艺人也叫"折叶子"，还有台子上表演的大手绢，也叫"幅子"，再有就是醒木，过去叫"穷摔"，这些东西他们天天看大人们在台上用，根本不知道门道在哪。父亲把这三样东西拿过来告诉他们都有什么用，窍门在哪儿。先说这扇子，拿起来是刀，打开是书，说吃东西拿扇子当筷子，说老人握住就是拐棍……再说这个大手绢，围头上是头巾，甩起来就是彩袖，打开当布头、当皮袄。还有醒木，"咣当"一拍，一块活或者一段内容就开始了，段子里需要喝酒，醒木一端就是一个酒杯，放在手心就是一个物件，还教他们关于醒木的诗："君撑龙胆凤翯妃，文握惊堂武虎威，戒规镇坛僧道律，唤醒压方紧相随。"告诉他们这木头块皇上那有一块叫龙胆，娘娘有一块叫凤翯，县官有一块叫惊堂，写书的叫镇纸，等等，各种有意思

常连安(左三)带领孩子们排练《打面缸》

的知识和事情。

另外,令"三蘑菇"比较高兴的就是跟父亲学唱太平歌词和京剧唱腔或者学倒口,他耳音好,学得快,唱得有味儿、仿得逼真,学什么像什么,教艺中严肃的常连安这时候经常会有笑容。

常连安经常带孩子们去照相馆照相、去商场看洋货、去戏院看京剧、赏名家,去看各种竞技比赛,去看电影,尤其是还带着"三蘑菇""四蘑菇"演了电影。这一切给"三蘑菇"他们开阔了视野。

5.崇善:"蘑菇"家族的为人风范

"三蘑菇"的父亲常连安为人大气、大度,谦和公正,他主持的启明茶社相声大会云集了各路相声高手。来者,常连安请客欢迎;去者,常连安请客相送,从没有和哪位在启明茶社献艺的演员闹过纠纷,而且经常接济生活困难的艺人,因而几个"蘑菇"从小就古道热肠,乐于助人。"小蘑菇"因为在电台、堂会、剧场演出场次多,份子高,总是拿钱分给那些需要的艺人,许多艺人私下都叫他"小大善人""散钱童子"。"三蘑菇"那时在启明年龄差不多的孩子中挣钱最多, 也经常省下自己的钱照顾那些生活困难的小演员,尤其是当时在启明茶社做杂工兼学相声的杨少华,"三蘑菇"在各方面没少照顾他,在启明茶社学相声的孩子们都喜欢"三蘑菇"。

当时常家有许多义举在文艺圈内得到人们的赞扬和尊重。常宝霆记得那时相声艺人为了相互帮助有着"搭桌"义演的传统,而父亲常连安有一次把"搭桌"义演延伸到了戏曲界,影响很大,展现了相声艺人满腔的义和爱。

20 世纪 30 年代京剧界有一位大师叫金少山,在"花脸"当中是头牌。也是裴盛戎的老师。那时候,金少山在梅兰芳的《霸王别姬》里演霸王,人称"活霸王""金霸王"。而且金少山为人耿直、豪爽,不畏强势。在上海的时候,威震上海滩的黄金荣叫他去演出,他想不去就真敢不去。气得黄金荣把枪往桌子上一拍,说:"不来?毙了他!"他不怕!照样不去。黄金荣都没辙,有了金少山,剧场就是一票难求!他指着人家赚钱,最后还得想办法把金少山请来。1948 年金少山故去了,却无钱下葬,因为金少山年轻时虽然赚得不少，但他挥金如土。比如说，他一进后台，见几个警察在门口站着，冲他敬礼。他一高兴，给每个敬礼的赏两块现大洋。但到了晚年，金少山不能演出了，断了收入，日子过得非常艰苦，故去时，竟连下葬的钱都没有！此事很快被常家知道了，金少山是一代京剧大家，又是启明茶社听相声的常客，和常连安的关系也不错。常连安觉得应该为金少山做些事，于是和演员们商量决定：为金少山义演三场。演完以后，把赚的现大洋以 100 块为一卷，用白纸包了三卷，给了金少山的管家孙焕庭，说："这是相声艺人'搭桌'给金老板的心意。"这件事，轰动了戏曲界。戏曲艺人说："相声艺人太义气了，不仅同行之间谁有困难帮助谁，就连我们戏曲界他们都帮。"

过去唱京剧的，总是看不起唱评戏的、唱梆子的、干十样杂耍的。但从这件事以后，京剧界乃至戏曲界对相声界艺人就刮目相看了。

还有就是常氏家族收第一个徒弟，即常宝堃收苏文茂为徒时，首次打破自相声传承以来所遵循的"师徒合同"中的一些约定。按行规：收徒时，应签订"师徒契约"。就是双方约定的字据，字据里规定了自己的辈分或师父起的名字，字据既证明了在行里的身份，又表明了与行里其他人的关系，所以字据约束、强化了相声艺人之间的纵横关系。师承字据既是相声艺人在行业里自我强化的手段，同时也是师父对学徒有期限的一种约束。如果用今日的眼光来看,过去的"拜师契约"里的许多条款一定会被叫作"霸王条款"。在整张"契约"中,除了承认了徒弟的门承,只有"师父管徒弟的吃住"这一条,是站在徒弟一边的。至于其他方面,维护的全部是师父的利益。比如:学徒期间,徒弟生死患病,投河觅井,概与师父无关;学徒期间,师父可以任意使唤徒弟,进行日常家务劳动;学徒期限为三年零一节,学徒期间,所有演出收入全部交给师父,学徒期满,要为师父效力一年,收入也全部给师父;如果未到学徒期满,要赔偿师父饭费和住宿费,等等。

当时(1943年)"小蘑菇"刚刚21岁,根本无意收徒,而14岁的苏文茂因对相声和"小蘑菇"的痴迷几次找到"小蘑菇",要求拜师,感动了"小蘑菇",于是答应收他为徒。收徒按行规要订契约,但常宝堃毅然决然地要对老祖宗留下的"师徒契约"进行改革,他果断地提出,对之前几乎所有契约都有的"生死患病,投河觅井,打死勿论"一类的词语,绝不能写进他们之间的契约中。苏文茂拜师后,"小蘑菇"赐了艺名,叫苏仲仁。可苏文茂说:"叫这个名,怕北京的老娘找不到我。"常家人都认为这是个孝子,所以就还让他叫苏文茂。常宝堃是有大格局之人,视徒如子,不让苏文茂在自己家中做家务,要求他多到剧场看别人的表演,这样,又怕苏文茂在自己家吃饭时间没保证,所以除了在家吃饭外,每天给他两元钱,让他在外边时能吃好。苏文茂演出有了收入以后,"小蘑菇"也打破徒弟学艺期间其收入归师父的行规,收入也都给苏文茂。当其出师时,按"师徒契约",应孝敬师父一年,在这一年内所有的演出收入全部归师父,"小蘑菇"又宣布取消"孝敬一年"的规定。之后常家人收徒弟几乎都是按照"小蘑菇"收徒的模式进行的。

常家从"三蘑菇"的奶奶那辈就心地非常善良,她曾在1925年家中祖孙三代也很拮据的情况下,收留过两个差点儿在街头冻饿而死的女孩,大一点儿的收为养女,小的一点儿当成孙女。一个是"三蘑菇"的姑姑常俊亭,一个是"三蘑菇"的大姐常宝珍。常连安和孩子们对待她们像亲人一样。常俊亭在三蘑菇拜郭荣起为师那年嫁给了郭荣起。"三蘑菇"一生都对这个既是姑姑又是师娘的女人恭恭敬敬。而常连安第一个女儿出生后就排在大姐常宝珍后边,称为二姐,以至于再下一代根本感觉不到父辈所尊重的、自己的"姑奶奶和大姑"是领养的。

6."触电":电影使"三蘑菇"大开眼界

"三蘑菇"他们在台上演出火了,引起了当时华北电影制片厂的关注,他们邀"三蘑菇"和"四蘑菇"拍电影。这是中国相声史中,相声演员第一次拍电影。那是一部戏曲影片,叫《花田八错》,他们两个扮演书童。这两个角色,镜头不多,台词也很少,但没想到,他们二人活灵活现的出色表演,引起了当时著名电影导演王元龙的兴趣,他慧眼识才,便提出请他们兄弟俩与常连安共同拍一部片子,而且还是专门为他们三人量身打造的,名字叫《锦绣歌城》。

当时"三蘑菇"和"四蘑菇"两人都在启明茶社顶场演出，尤其是"三蘑菇"还经常有其他剧场和堂会邀请。而那时候电影是新兴产业，片酬不多，拍演主角的电影无疑会影响收入，但热衷于新鲜事物的常连安认为说相声就得增强各种各样的知识，熟悉各方面的生活。让"蘑菇们"拍电影无疑是开阔眼界、丰富阅历、通过导演点拨提高舞台表演技能的好机会。

那时"三蘑菇"13岁，"四蘑菇"12岁。在《锦绣歌城》里他们扮演两个农村小孩，在闯京城看京戏找爸爸的过程中引出一系列滑稽可笑的故事。在电影中，"三蘑菇"饰大宝，"四蘑菇"饰二宝。

这哥儿俩没有辜负导演的期望，电影播出后引起轰动，

常宝霆、常宝华电影剧照

除了整个电影情节有趣外,更主要的是哥儿俩脸上、眼睛里的戏太足了,既幽默又滑稽!有几个桥段非常精彩。

有一场是讲哥儿俩进城后想在剧院看戏,为省钱就买了一张票,只好装成"一个人"(由弟弟"嘿儿啰"着哥哥,外面罩上大褂儿),从入场到看戏笑料百出。

拍这场戏时有一个插曲,就是导演开始设计的是哥哥"嘿儿啰"着弟弟,可"三蘑菇"因为细高瘦弱,"嘿儿啰"起"四蘑菇"就打晃,脚底没跟,试了几次哥儿俩都爬下了。导演有些着急,看了看略显壮实的"四蘑菇":"你'嘿儿啰'哥哥行吗?""四蘑菇"应道:"没问题!"果然这"四蘑菇"比"三蘑菇"脚下有跟,顺利地拍完了这场,所以电影里出现的就是弟弟"嘿儿啰"哥哥了。

还有就是哥儿俩看戏后又误闯"鸣春社",听李万春讲演说戏,看科班练功,这哥儿俩还情不自禁地模仿起武生,练起了功夫。这段戏哥儿俩耍的京剧身段既专业逼真又滑稽搞笑,连导演都说:"不愧父亲是京剧科班,俩孩子又是相声门里,这桥段搁谁也没有这效果!"

最后,他俩去寻找在京城大公馆当差的爸爸,结果出来的是比他俩还小的一个幼童。问找谁?回答"找爸爸"。那幼童呼出他爸,却是个青年。一而再,再而三,由青年的、中年的、壮年的、老年的,最后出来的是一个白胡子老头,共五个爸爸,哥儿俩这时才发现门上有块写着"五世同堂"的匾。这个情节设计得非常有趣,每个爸爸出来哥儿俩那富有喜剧的表情和表现都不一样,和每一个爸爸的对话都会引起观众的哄堂大笑,当镜头推出"五世同堂"门匾时,观众和大宝、二宝才恍然大悟!直到最后,他们在大公馆当差的爸爸才终于出现。

有一场戏"三蘑菇"演得尤为突出。大公馆的人知道了哥儿俩是来探亲的,遂受到大公馆的款待。"三蘑菇"扮演的大宝先是撞在了通透的大玻璃门上,又和弟弟在打了蜡的地板上打滑摔跤。吃饭的时候,大宝不认识海参,用手抓起来一攥,那海参竟腾空而起掉入案上的金鱼缸里。大宝急忙起身捞出放回盘中,那"海参"竟然活蹦乱跳起来,原来捞出的是一条金鱼!"三蘑菇"把大宝那堆笑的脸上露出的"憨""囧""慌""惊"演得出神入化,加上意想不到的情节,引起了观众的爆笑!

1942年,《锦绣歌城》上映后受到了热烈的欢迎,轰动了全国。他们爷儿仨更出名了,许多影院都特邀他们爷儿仨到场,在电影放映完毕,再演上两段相声。观众们看完电影都不走,等着再听他们爷儿仨的相声。

这次触电让更多人认识了常氏父子,知道了常氏相声,也让"三蘑菇"他们学到了不少的东西,丰富了他们的相声艺术。但拍电影背后所吃的苦、受的累也是"三蘑菇"难忘的。

拍电影那段时间,每天也不能耽误在启明茶社说相声,下了场,父亲一声"该去拍电影了",抬腿就走,来不及吃饭,就把饭带到拍摄场地去吃。《锦绣歌城》的背景就是北京城,许多地方用的都是实景,如西四牌楼、玉泉山等,来回跑,累得哥儿俩也没工夫看风景了。到地方后爷儿仨化好妆,正要开拍,可是太阳钻进云里去了,只能等。太阳出来了,大家七手八脚地一通忙活,当时设备也落后,不论是灯光还是音响出了毛病,一修就得半天,他们只能带着妆,坐在那瞪着两眼瞅着干着急。那时拍电影跟现在大不一样。甭说分镜头剧本,就连台词都没有,没剧本、没台词怎么拍呢?导演手里仅有一个粗略的情节构思,拍到哪儿说到哪儿,全靠演员根据导演提示的内容,即兴发挥,为了节省胶片,每次实拍以前,导演先给他们爷儿仨大致讲讲情节、位置,然后试着走一遍便开拍。可聚光灯一照,摄影机"咔嚓"一响,导演要认为不对,一喊"重来",几十米的胶片就作废了。每逢这时,父亲常连安就要教训他们弟兄俩一番:"你们俩瞅着好玩是不是?这么不争气!"还总是警告他们:"拍的时候都得认真,无故浪费人家的胶片我可揍你们。"就是这样,当"三蘑菇"的母亲和姐姐们问他们拍电影怎么样时,"三蘑菇"说:"我们一入戏可过瘾了!"把辛苦加挨批全忘了!

## 三、拜艺高严慈师父,得珠联璧合搭档

### 1.拜师:恩师培养,成才路上添羽翼

"三蘑菇"12岁那年,在父亲的决定和安排下拜师郭

32

荣起。郭荣起出生在天津,是"德"字辈的艺人郭瑞林之子,从 8 岁开始就学相声,11 岁拜师马德禄(马三立的父亲)。"柳活""倒口"独领风骚,"文哏"也颇具特点。他会的段子多,活路特别宽。1940 年,常连安就看中了他,请他给自己的二儿子、也就是"二蘑菇"常宝霖在自己创办的启明茶社"量活"。当时郭荣起 23 岁,"二蘑菇"只有 15 岁,这一大一小配合非常默契。当时郭荣起为了养家同时得赶好几个园子,一年后刘宝瑞来启明茶社了,常连安就让"二蘑菇"和刘宝瑞结成了对子,二人互为捧逗。那时候"二蘑菇"他们会的段子也是可以在启明茶社连演几个月不重样。像《门头沟》《喝寿木》等段子别人很少演,只有这对搭档演。他们白天在启明茶社演出,夜里在一家电台的"晚间十二点节目"说相声直播。郭荣起后来又找了搭档朱相臣,他"倒口"最擅长的是山东话,如经他改编的家喻户晓、脍炙人口的《绕口令》《山东人拜年》《怯拉车》《怯讲演》等都别具特色。他为了学好山东话,没事就往天津最好的山东馆子登瀛楼和天和玉两个大饭庄跑,吃上一顿最便宜的饭,然后跟跑堂的聊天,学山东话。为了学好"柳活",他和河北梆子"银派"老生的创始人银达子、"韩派"青衣的创始人韩俊卿交朋友。在台下听,去后台学。二位老艺术家非常感动,就亲自教他。他善于刻画人物,他的《打牌论》里活生生的人物模仿至今无人超越。所以郭荣起"说、学、逗、唱"都是真功夫。

　　"三蘑菇"拜郭荣起为师的同时,杜三宝也拜郭荣起为师。因为郭荣起那年刚刚娶了"三蘑菇"的姑姑常俊亭为妻,"三蘑菇"就是他的内侄,再加之杜三宝的父亲杜茂田是弦师,母亲筱月楼是二三十年代有名的说唱艺人,他们夫妇与郭荣起的关系特别亲近,是多年的老关系,所以那次拜师仪式是在相当轻松的气氛下进行的。当时的师徒字据也是非常平和、宽松的。

　　拜师时"三蘑菇"的父亲常连安对他说:"拜师不只是让你有了门户,你得知道跟师父学什么。你现在使活口齿还算伶俐、火爆劲也能蔓住观众,有咱常家相声的精气神儿,但是欠缺什么呢? 你得学郭荣起先生那种稳,稳中求爆、爆中有味儿,要能沉得下来、稳当得住,才能掌握'抖包袱儿'的精髓。"

　　要说这"三蘑菇"的父亲常连安真是慧眼识人。一是郭荣起先生的艺术特点正是"三蘑菇"要加强的,郭先生是他姑父,也会诚心诚意去教,对"三蘑菇"日后的发展至关重要。二是郭荣起先生是业内公认的会教学者,除了徒弟,其他经他指点过的人都能领会其要领。笔者曾知道这样的实例:新中国成立后,天津市曲艺团从 1958 年开始招收学员,招来的学员"开蒙"最重要,就像小树一样,开始没长直以后很难成才。"开蒙"没有定好方向,将来有毛病也不好改。天津市曲艺团的鼓曲演员一律由骆玉笙"开蒙",所有孩子到团之后,先由"开蒙"老师统一上大课,打基础,然后根据每个学员的条件定曲种,谁的条件适合唱京韵、梅花、单弦……应唱哪个流派等。而相声学员一律由郭荣起"开蒙",从最早的常宝丰、王佩元、赵伟洲到戴志诚、郑健、王宏、刘亚津等,都是由郭荣起"开蒙",他根据学员的状况,定谁"逗"谁"捧",从哪个方面施教,然后再建议交由哪个老师具体教。如他认为戴志诚、郑健、王宏、刘亚津适合由李伯祥教,所以在他的提议下,才把李伯祥调进天津市曲艺团。凡由郭先生"开蒙"的学员,都定向准、基础牢、成了才。

常连安将"三蘑菇"交给郭荣起是促他成才的重要一步。郭荣起是常连安的妹夫,孩子们叫他姑父,那时候他生了好几个女儿还没有儿子,本来就喜欢极有相声表演天赋的内侄常宝霆,如今又给自己磕头拜了师,更把他呵护得像花似的。但他对常宝霆的喜爱,未失严格调理。他分析,常宝霆虽然年龄小,可嗓音好、悟性高、基本功扎实、使活脆生、场上效果好,已经小有名气,这时候最容易止步不前。为了防止"三蘑菇"年轻气盛,避免他使活心浮气躁,郭荣起总让他在台下模仿一些老先生的活,告诉他这些老先生的活好在哪,郭先生说:"不能满足一时的剧场火,得想着以后总能火,就得学!"并且精心调教他贯口的灵活应用、各类唱腔的韵味以及每块活、每句话的尺寸、火候,那真是毫无保留、不厌其烦。

有一次,郭先生的太太做了三鲜打卤面喊"三蘑菇"来吃,进了门的常宝霆先喊了声:"师父!姑!我来了!"然后看见饭桌上已经摆好了几盘菜码和包好了的蒜瓣,食欲和馋虫便一起被勾上来了。可当他刚一落座,就看见师父拿着两张纸和一支钢笔过来跟他说:"卤子还没好,咱爷儿俩先遛遛活。"常宝霆以为师父又要给他说什么新活,非常高兴,说:"好啊!"只听师父说:"《地理图》这小段儿你也说了好长时间了,觉得贯口拱嘴了吗?""早就拱嘴了!"常宝霆得意地说。"那好,你这会儿就把这贯口里的地名都写一遍。""啊?"常宝霆心说这台上都滚瓜烂熟了,写它干吗?虽说心理不乐意可嘴上却说:"好吧!"接过纸笔乖乖地一边嘴里念叨着一边写着,别看这拱嘴的贯口常宝霆平常脱口就出,真往纸上一写,可不是这么简单啦!直到打卤面上桌了,也没写完。姑姑给说情:"先吃吧!别凉了。"吃完了饭又写了一个多钟头,虽然有不少的错别字,可总算完成了。师父说:"这张纸你拿回去,没事时从字面上多瞅瞅,不熟悉的地名打听打听在哪儿,弄清了这些再琢磨琢磨是不是比你脱口就说能多理解点什么?过些天我可问你!"后来常宝霆弄明白了,这段以地名为贯口的小段,不光是看你嘴皮子溜不溜,还要知道地名在东西南北哪个方位,知道这里边反讽捧哏的瞎棋是怎么码的。有一次,他在台上将《地理图》的贯口拆散,从北到南,从西到东,随意让捧哏的指方向,他背地名,新鲜流畅,令许多人对他的地理知识和地名的灵活应用都刮目相看,连内行都喊绝。师父的这一手,使他明白了只有你理解了段子里讲的事情,你才能用真实的情感去描述,你说出来、唱出来才有味道。最使他受益的是师父对各路唱腔和方言的小节骨眼、小斤劲儿、小拐弯的要求非常苛刻,处理得特别细致。

"三蘑菇"最爱和师父学山东话,他觉得师父的山东话听起来又地道又好听。以至于多年后常宝霆提起师父还会感慨地说自己的倒口和学唱在师父那收益最多。"三蘑菇"的山东倒口和山东二簧也最让郭先生得意。

就是这样,郭荣起先生对相声表演的许多独特视角又给常宝霆打开了一扇新的窗户,使他进一步具有了对各类相声的把握能力和说、学、逗、唱各门技巧的扎实功底。

郭荣起培养的入室弟子,除了常宝霆之外,还有天津市红桥区曲艺团相声队的"攒底"演员张宝茹、北京的杜三宝、天津的杨少华和谢天顺。

2.搭档:相得益彰,常、白搭档惊艺坛

曾经让常连安最为费心的就是给"三蘑菇"找搭档,他深知能给"三蘑菇"找个好搭档就是给他日渐成熟的相声艺术又上了一把安全锁。精明的常连安,以他对相声艺术的理解和深邃的目光曾经给"小蘑菇"找了个好搭档赵佩茹,这次他一下子就看上了刚从济南到北京的白全福。白全福是北京天桥"八大怪"之一"小云里飞"的儿子,自称"飞不动"。他从小和他父亲学习滑稽戏,15岁开始说相声,18岁拜师于俊波。白全福那时候和罗荣寿、郭全宝在

常（左）、白（右）搭档

济南等地演出也已经小有名气，观众戏称他们三人为"白罗锅"。常连安看他台风正派、成熟稳定，给少年气盛的"三蘑菇"量活太合适了！白全福也很喜欢这个"三蘑菇"，加上启明茶社是说相声比较稳定的地方，当常连安请他给"三蘑菇"捧哏时他就答应了。那年是1942年，也就是常宝霆13岁、白全福23岁时，由常连安安排正式成为搭档。那天父亲常连安请客，让"三蘑菇"先喊白全福一声"白三哥"，然后笑着说："今后'三蘑菇'还得请白三哥多照应着点儿！"白全福连忙说："您可别这么客气！""三蘑菇"喊了一声"白三哥"后，看着白全福憨笑的脸说："咱俩都是三哥，倒是挺合适的。"逗得大伙都笑了。那时候年幼的"三蘑菇"还不能完全理解搭档的重要，父亲和哥哥给他量活时，闭着眼都知道他哪行哪不行，哪给他"提"、哪给他"缝"，他使得舒服！虽然"三蘑菇"生性谦厚，悟性又高，但对于13岁已经当红的他来讲，内心还是有些自满和对家长的依赖。突然换了个白三哥给他捧哏，虽然剧场效果非常好，但他处处都觉得别扭、不舒服。一天，他们初演《闹公堂》，演出结束后"三蘑菇"找了点儿毛病向父亲常连安告状说："今天白三哥好几个地方跟不上我的节奏，包袱儿总是不好抖！还特别……""住嘴！""三蘑菇"话没说完，却遭到父亲严厉的呵斥和随之而来的一巴掌！被打愣了的"三蘑菇"很长时间没有见过父亲这么严肃的面孔了，"你觉得你现在了不起了吗？你知道搭档意味着什么吗？你大哥比你能耐吧，你没去想想他是怎么和搭档配合的吗？你如果还想说相声就得去弄明白！"这一天"搭档"这个词第一次在"三蘑菇"脑海里这么清晰地回荡着……随后常连安在常宝堃和赵佩茹来京演出时特意让他们给"三蘑菇"说说，他们是怎么一改过去说相声逗哏的一头沉、捧哏的"嗯、啊、就、是"的旧形式，在互有捧逗的方式中得到非常好的效果。大哥对"三蘑菇"说："老三，我认为相声就是'搭档配'，'搭档好儿'，咱不是单口，需要两个人的互动还有和观众的互动，效果才能火爆，你得学会把白三哥的能耐用上啊！"天资聪慧的"三蘑菇"很快理解了父亲和大哥的用心。他和白全福两个人多次去看"小蘑菇"和赵佩茹使活，研究每块活、每个包袱儿怎么使，加大白全福的戏份和主动性。他们二位因为舞台形象反差大，"三蘑菇"外形英俊、聪慧伶俐、嗓音清脆、口齿清楚，说、学、逗、唱俱佳，他的表演明快干脆、火爆大方、张弛有度、流畅潇洒，既清新帅气又亲切自然。白全福滑稽醒目、尚人见喜、憨态可掬、热情奔放。他捧得严、兜得紧，"三蘑菇"铺得稳、抖得狠。他们的表演神完气足、活灵活现，随着喜怒哀乐的刻画，把观众带入他们所营造的境界。

有时"三蘑菇"即兴现挂，现场抓彩，白全福接过话头就翻包袱儿，甚至还你有来言、我有去语对着使连环挂，俩人配合得越来越默契。

这种捧逗双方旗鼓相当、针锋相对的使活方式与"三蘑菇"同时代的艺人相比是比较独到的，因为过去的相声捧逗关系多是"一头沉"，以逗哏的为主，捧哏的"嗯、啊、就、是"只起辅助作用，气势上总要逊色于逗哏的演员。而"三蘑菇"的"搭档配"延续了"小蘑菇""搭档配"的特点，捧逗双方在表演上是并驾齐驱的，也是常派相声的主体风格，在这种风格的影响下，他们自然而然就形成了以子母哏见长的特色，他们的代表作《大审》《拉洋片》就集中体现了他们两个人旗鼓相当、你来我往的表演模式。传统相声许多带有捧逗双方相互冲突、较劲的段子，他们两个诠释得最好。"三蘑菇"先天漂亮、雅风贵气、巧舌如簧、牛气冲天，占尽了优势；白全福也使出浑身解数，拿出滑稽戏的底子，演出了受气包的外形和老江湖的心理，能抗压，能见风使舵，也懂得蹬鼻子上脸。这些都给"三蘑菇"的表演增了分、添了彩，现场效果火爆异常。除了这些子母哏的段子，他们表演那种一头沉的段子，捧哏的也有很大的主动性。但是这种气势既未喧宾夺主，捧逗关系又清晰可见。

"三蘑菇"对大他十岁的白全福非常尊敬，而白全福对这个台上神气、台下谦和的"娃娃红"也非常佩服。每场活下来，白三哥总是主动问及"三蘑菇"今天有没有不严实的地方？哪个地方火候不够？白三哥对艺术精益求精的认真态度令"三蘑菇"非常感动，也促使他对每一块活都得认真对待，哪个茬口都不能马虎。马虎了在白三哥那就过不去。

"三蘑菇"和白三哥在艺术上的相得益彰和配合上的珠联璧合，使"三蘑菇"的表演发挥得更加如虎添翼。

从启明茶社开始，这一高一矮、一瘦一胖、一帅一憨闪烁着艺术光芒的形象如璀璨的明珠，永远被镶嵌在相声历史的长河中。

## 四、十年"启明"成大器

### 1.启明茶社："三蘑菇"的启明星

"三蘑菇"常宝霆比哥哥们幸运多了，虽然是在相声门儿里长大，但从小没"撂地"使过活，更和荤段子、臭活没缘，正式登台以后，就赶上父亲常连安在将近40岁的时候实现了他致力于让"蘑菇们"远离"撂地"卖艺、让相声脱离低俗走向文明艺术的愿望。1938年常连安在有心人的资助下，把北京西单商场的一个破旧的园子重新装修开办了"启明茶社"，组织了别开生面的相声专场。这茶社最初约200平方米，长条木板座位，可坐百十余人。别看这茶社地方不大，作为专门的相声场子在相声艺人中引起的震动可不小。这以前相声演员进场子等舞台演出都是穿插在十样杂耍（曲艺）园子里，一般的艺人不好进入，"攒底"演员都是有蔓儿的鼓曲名家。而相声艺人凑一块儿开相声专场在天津的南市和鸟市有过"撂明地"的演出。把"相声大会"整体搬入剧场舞台这是常宝霆父亲常连安的创举,这也是相声发展史中的第一个相声大本营。

颇有想法的常连安那时是相声艺人中唯一进过艺术科班的人,三年多富连成的训练让常连安除了京剧艺术外,还学到了有组织、有训练、有要求、有模式的管理,像演出前的排练、演出后的总结等,对常连安在启明茶社如何创建相声大会、如何让有艺术性的相声得到发扬,如何让相声提高品位和层次,这都是常连安那个时候想把启明茶社办成像富连成那样的一个相声班底所思考的。

在园子被粉刷一新后他让人安装了电扇和火炉,他希望这里的观众冬天冻不着、夏天热不着。

9岁的常宝霆第一次来到启明茶社时就觉得特别亲切,因为父亲告诉他,这儿将是他们锻炼和展示自己才艺的地方!茶社内两侧书有"艺高""风正"字样的两块大镜框非常醒目,向观众展示了启明茶社的献艺宗旨;小舞台上的桌子上围着的紫红色的围布上,"相声大会"四个大字特别给在这表演的相声艺人们提神!茶社门口几块大牌子也是观众们头一次见到的,其中"相声大会""文明相声""零打钱"都非常吸引人眼球,特别是启明茶社宣传"妇孺皆宜",让妇女和儿童都能进场欣赏相声大会也是头一回,过去"撂地"的相声多以"黄段子"招揽观众,所以说相声"撂地"的场子女人和孩子都不去。启明茶社提倡文明相声是常连安针对有才华、追求技艺的那些相声艺人不甘相声沦为"市井杂八地"的举措,第一次让妇女儿童走进了相声场子。

相声大会一经建立,心高气盛的常连安就推出了新颖的几个前所未有的第一:他要求一是要着装文明,演出一律穿长衫,不能像过去撂地时想怎么穿就怎么穿;二是要内容文明,杜绝黄、荤的"臭活",演有文本的、规范的、完整的段子,活的"归路儿"不能太随意,现场抓彩也得净化语言不能带荤口;三是后台文明,得备场,演员演出前提前到场在后台做好准备。

这些要求对平常松散惯了靠单打独斗这儿"粘个圆子"、那儿进个场子、游击式的相声艺人来说既是约束又是依靠,这种"长衫、舞台、文明、技艺"是每一个相声艺人所梦想的,这种向上的精神和归宿感吸引了众多的相声艺人,同时也变相淘汰了那些没有真能耐、只靠"黄段子"混饭吃的和在社会上有劣迹的艺人。

2.大本营:"三蘑菇"置身名家云集的大本营

相声大会班底一经建立就吸纳了许多有才华的相声名家,如赵蔼如、刘德智、吉坪三、华子元、于俊波、侯一尘、郭荣起、王世臣等人,"小蘑菇"的师父、力主相声改革的张寿臣也常在这里攒底演出。

常连安给相声班底起名叫"长春社",期盼这个茶社能长盛不衰。长春社创办了一份刊物,叫《长春游艺画刊》,当时影响非常大,除了在启明茶社卖,还在南柳巷报刊发行中心对外批发。相声艺人办刊物可是新鲜事,常连安让表演与刊物的结合进一步提升了相声的文学性。

启明茶社除了耳目一新的形式,吸引人的还有相声名家的轮流表演。熟悉启明茶社的人都提到当时特有的四多,那就是:演员多,相声名家多,相声名段多,听相声的名人多。

从1938年开业到1949年歇业,十年左右的时间,有七十多位相声演员在启明茶社说过相声,每天轮流上场,几乎不会出现演员重复上台的情况,其中最多的一天有二十多位。

尤其是相声名家多,十年中前后有几十位相声名家在此献艺,主要的如张寿臣、刘德智、华子元、吉坪三、马桂元、刘宪田、郭荣起、于俊波、赵蔼如、于堃江、侯一尘、张杰尧等老艺人,还有刘宝瑞、郭全宝、王世臣、白全福、罗荣寿、王长友、孙玉奎、于世德等经常在启明茶社献艺。李宝琪、班德贵、马四立、谭伯儒、高德光、于世德、李伯祥、李寿增、刘贵田、郭荣山、关春山、荷花女(吉文贞)、周德山、高德明、绪德贵、汤金城、谭伯如等都在启明茶社演出过。另有常连安率领的"蘑菇团"——"小蘑菇""二蘑菇""三蘑菇""四蘑菇",还有苏文茂、赵振铎、于连仲、于春藻、赵春田等少年演员也在启明茶社熏陶受业。

启明茶社所吸引的观众范围日益广泛,在20世纪三四十年代这里是官宦人家、商人和平民百姓都受欢迎的场所。启明茶社在京城几乎家喻户晓，喜好相声的老北京人都去过。连当时很多不屑于市井文化，有头有脸的人乃至政界要人、富商权贵也爱听这里的相声。这样启明茶社从百十人座席很快扩展到四百多座席，每天挤满了大人、孩子、妇女、老人，遇上年节连过道走廊都站满了人。京剧界的、电影界的，各个艺术行业的名家名伶都是这里的常客，像号称"南张北溥"的画家溥心畬，著名的京剧表演艺术家荀慧生、言菊朋，马连良、金少山就是启明茶社的常客，侯喜瑞、言慧珠、言慧兰、程永龙等也在启明茶社听过相声，电影界的导演、演员们，如谢添、白光、石挥、欧阳莎菲、李翰祥、李景波、殷秀岑等也常去启明茶社。后来成为著名相声演员的李文华、当时只有十来岁的马季几乎天天"泡"在

左起侯一尘、张寿臣、常连安

45

"启明"听相声,还有侯宝林的二徒弟黄铁良也是启明相声大会的常客。毫无疑问,这些艺术家在成长的道路上,都曾受到过"启明"相声大会的影响。启明茶社被后人称为和京剧富连成媲美的相声艺术的最高殿堂和培养相声人才的艺术摇篮。著名喜剧导演谢添那时候就爱听"三蘑菇"的相声,他逢人就说"三蘑菇"的相声说得好,提神、有味儿!后来两人成为好朋友,谢添还经常到天津来家里做客,他尊称"三蘑菇"的父亲为"常老先生"。他的喜剧作品汲取了不少相声元素。

3.博采众长:广学博采、羽翼日丰

启明茶社每天名家名段的熏陶让正值艺术增长期的"三蘑菇"如鱼得水,他也如饥似渴地吸吮着这块培育相声肥沃土壤的营养,他熟知名师们的高处,也欣赏同辈们的特色,从他们身上学到很多东西。比如:张寿臣老先生的"文哏"段子说得有滋有味,表演有深度,刻画人物非常细腻;他二哥的师父侯一尘,原名侯殿魁,生于1901年,北京人。师承郭瑞林,20岁左右开始在北京学相声及单弦牌子曲,"三蘑菇"觉得他表演纯朴亲切,善于节制,这是他应该学习的。张杰尧,相声艺人,又名张葆华、张士奎、张稽祖,艺名张傻子,天津人,汉军旗人,祖籍浙江嘉兴,祖上世代做官。据说一生表演过429段相声。早年学过梆子戏,后来迷上天桥"万人迷"的相声,走南闯北,自编新段子,给北方相声带进许多新内容和新技巧,是当时相声演员中唯一留人丹短髭、着西装演出的一位演员。"三蘑菇"非常喜欢他，尤其爱听他从南方带来的学上海话、学唱卖梨膏糖调，爱看他的装傻充愣恰如其分。"三蘑菇"在段子里学大姑娘、老太太等人物曾受他的启发。相声名家张寿臣曾赞扬张杰尧说："傻大爷一身都是嘴。"

还有吉坪三老先生对"三蘑菇"影响也较大，"三蘑菇"喜欢听吉先生说评书片断和他使的"单活"，如《张双喜》《张乙住店》等，那清楚又干脆的感觉和脸上表情的丰富自然让"三蘑菇"很着迷，他觉得说相声就得清楚、干脆！再有就是从相声大会开始到最后关闭一直在启明献艺的赵霭如老先生，他擅长形体表演，神情自然逼真，功底特别瓷实。他常使的《黄鹤楼》《醋点灯》《相面求财》等段子都是三蘑菇爱看的，还有他唱的山东二簧也别有特色。特别是他师父郭荣起的段子他有空就看，从心里赞叹师父所有的表演都那么原汁原味！他最喜欢大哥"小蘑菇"和赵佩茹那轰动全场的本事，规规矩矩地使活，却能在不经意间连续地现场抓彩，让观众笑声、掌声不断，大呼过瘾！他讲："老艺人都有不同表演特点，每个艺人的风格和特点，都不是闭门造车产生的。每人都有自己的拿手节目。谁哪点儿好，我就学习哪点儿。"

除了在启明茶社顶场，每天到各个剧场和堂会演出是"三蘑菇"听各个曲艺名家、戏曲名家唱名段的机会，当时他最喜欢的就是白云鹏、小彩舞、刘宝全等鼓曲名家。

父亲常连安和大哥"小蘑菇"经常带他们去看梅兰芳、马连良、金少山等艺术家们的拿手戏,"三蘑菇"从父亲常连安那学到了许多戏曲知识,哪朝哪代的历史人物、哪出戏用什么样的行头、道具,哪个流派是什么样的特色,还描述怎样勾画花脸人物,还有老生髯口的讲究等。让"蘑菇们"非常高兴的就是带他们去看电影,尤其是喜剧电影,"三蘑菇"尤其对卓别林的电影百看不厌,并对每场电影的插曲都能即学即会,而且总能用在活里边。父亲常连安说:"生活和舞台上的一切跟相声都有关系,上知天文,下知地理,人情往富,世俗八卦,都要懂,要知道。因为你的表演就是包罗万象,你得明白它,才能演活它。所有的艺术对相声表演都有帮助。""三蘑菇"小小年纪就明白,说相声就得"无不知、百行通"!

同时父亲还带着"蘑菇们"和相声演员们利用一批文化名人来启明茶社听相声的机会,征求意见,向他们学习。如画家溥心畬,著名的京剧演员侯喜瑞、金少山、言慧珠、言慧兰、程永龙,电影界的知名人士李景波、殷秀岑、谢添、白光、欧阳莎菲、韩兰根等人,不仅是启明茶社的观众,更是常家的朋友,常连安虚心地让他们提改进意见。

有一年,电影界的老喜剧演员们从南方来北京,其中有著名的演员韩兰根、殷秀岑、关宏达等人,他们在启明茶社观摩了相声表演以后,特地到后台拜访常连安。常连安把他们请到家里做客,请他们谈谈看了演出以后的观感。

第二天,又请他们吃饭,畅谈、交流各自表演的节目。

4.十年锤炼:"三蘑菇"日赶三场成名家

相声大会除了名家轮换上场,每天蘑菇们的演出也是观众们非常喜欢的。大哥"小蘑菇"因为忙于在天津创建"兄弟剧团"不能天天盯场,"二蘑菇"经常各有捧逗,十几岁的常宝霆就成了这里最能挑台的"蘑菇"了。

"三蘑菇"演出的路数基本上继承了他大哥"小蘑菇"的特点,以互动说逗见长,加之他又有一副好嗓子,说、学、逗、唱非常全面。大哥"小蘑菇"告诉他:"这里都是说相声的,你也说,人家也说。舞台好比擂台,人家受欢迎,你不受欢迎,那就算是把你打败啦!所以,就得山后练鞭、十八般武艺,样样拿得起来才行。""三蘑菇"明白这"山后练鞭",就是说每段活里边需要什么技巧,你就得练什么,还得通过使活的效果去总结提高。当时戏曲界和曲艺界,包括唱歌的,哪个名家受欢迎,他就找时间去听,而且各处去找唱片来学。一张唱片要学几十遍、几百遍. 不厌其烦地听。只要有机会他还向名家们当面请教学习,然后拿到台上去实践。

在启明茶社时,"三蘑菇"每天演出完毕,在半夜往家走的路上,便和父亲总结这一天的演出。除了"三蘑菇"自己的表演,还聊其他人的,哪是优点,哪是缺点。而对"三蘑菇",父亲每次都着重从缺点方面进行总结, 哪句台词不清,哪句"茬口儿"不严等等,从那时候"三蘑菇"就悟出了相声真的是一门语言艺术,同样的活、同样的包袱儿,有人使出来不响,而有人一使就响;你觉得不好笑的话,有的人说出来就可乐,这其中的抑扬顿挫、尺寸、顺序都是学问。每天一大早,是爷儿几个带着头天总结的问题进行排练的时间。

从那时候"三蘑菇"就注重自己的特色,他总想着到台上得有自己的绝活。比如《武坠子》,其他人使,大都是学唱程玉兰、乔清秀或董桂枝,而"三蘑菇"学的是男坠子演员大老黑的"徐元直走马荐诸葛",有气势,腔调别具一格,而且大老黑还幽默风趣,用在相声里非常合适。他演的《拉洋片》非常受欢迎,有许多观众来茶社就爱听他跟别人都不一样的学唱京八传、怯八传、水箱子、推片儿的唱段,真是韵味十足。听他学那浓厚的乡土气息的地方语言,有滋有味儿,滑稽风趣,妙趣横生。

"三蘑菇"在启明茶社表演的《影迷离婚记》是当时最受欢迎的段子之一,也是在启明茶社学相声的孩子们最爱看的。这个段子说的是,有夫妻二人同是影迷,吵架时都是引用电影名字,最后炒崩了决定离婚。相声里甲扮演妻子、乙扮演丈夫。二人吵架时脱口而出的电影名字产生了意想不到的艺术效果。"三蘑菇"扮演妻子的角色,白全福扮演丈夫,他们在争吵中,丈夫的绝情激起了妻子的愤怒,扮演妻子的"三蘑菇"呼天抢地:"天哪,我的《艳阳天》哪!我的《鸡鸣早看天》,我的《武则天》哪!"引起观众哄堂大笑,甲乙互不相让，怒目而视，最后决定离婚！妻子受到刺激，精神恍惚，自言自语唱起了《望穿秋水》。"三蘑菇"表演妻子的角色非常逼真。他魂不守舍地跳下舞台，一边唱着当时非常时髦的歌曲《桃花处处开》（当时北京人管吃叫"开"），一边随便拿起观众摆在茶桌上的花生、瓜子等食物大"开"起来。有许多老观众提前得知"三蘑菇"要说《影迷离婚记》，就专门给他准备了橘子、香蕉等食物。他当然是来者不拒，什么好吃就吃什么，一边吃一边与观众直接交流，现场气氛顿时异常活跃。这时他的老搭档白全福也跳下台来拽他回去并严肃地斥责他不该随便吃观众的食品，责令他马上归还，并且得道歉。"三蘑菇"扮演的妻子虚心接受，正要送还时，发现白全福也吃上了！"三蘑菇"惟妙惟肖的精彩表演和白全福的表里不一、装傻充愣，使观众大笑不止。

那会儿许多电影明星和导演都是启明茶社的常客。一天，韩兰根、殷秀芩、谢添、石挥等喜剧大鳄们来启明茶社专门来听"三蘑菇"这段《影迷离婚记》，结果把他们逗得哈哈大笑，到后台以后，瘦骨嶙峋的韩兰根一把抱起了"三蘑菇"，连声说："这'三蘑菇'大了是块搞喜剧的料！"

"三蘑菇"拍过电影，又十分喜欢看电影，为了演好这块活，他没少跑电影院。常先生后来说过，这个段子因为演了好几年，里边的电影名字也随着当时大家喜欢看的去改，所以那时候演的电影他都看过，像《渔家女》《秋海棠》《出水芙蓉》《魂断蓝桥》这些他都看了无数遍。他觉得相声的表演也如同拍电影,眼睛就是摄像机,一会儿给观众一个远景,一会儿拉过来一个特写镜头。

"三蘑菇"当时小小的年纪就善于琢磨,所以他演的每块活都能响。他在启明茶社可以称得上是最"火"的演员。

从1938年至1948年的十年里,北京的启明茶社、天津的兄弟剧团在常连安和常宝堃的操持和影响下,与众多名家通过茶社、剧院、广播、广告等种种形式,对文明相声的深入人心起到了很大的作用,让人们知道了相声不只是插科打诨耍贫嘴,而是有着高超的艺术表现力的。这一时期也是常氏流派相声蓬勃兴起的十年。除了剧场,许多人也是通过广播喜欢常氏相声和"三蘑菇"的。常宝霆在这十年中除了在启明茶社顶台外,经常受邀来往于京、津两地的各个剧场和堂会,最忙的时候一天得赶五六场。那个辛苦程度是一般十几岁孩子承受不了的。每天吃饭都没有准点儿,为赶场,有时甚至一天都吃不上饭。因此"三蘑菇"从那时候起就经常胃疼。令他记忆最深的一次是,他赶了一天的场没有吃饭,晚上到家后,饿得前心贴后心,他进门就喊:"妈,饿惨我了!快来点儿吃的!"当妈的心疼这个在外边挣钱的"三蘑菇",赶紧抓了几个鸡蛋,给他炒了一碗蛋炒饭。"三蘑菇"吃得这个香啊!没想到一会儿的功夫,这胃就疼得受不了了,满头大汗地在床上打滚,一直折腾了大半宿。就这样转天还得去演出。那时候常家经济状况已经好转,可是应了人家的场不能爽约,这是常家作艺的规矩。

"三蘑菇"明白,救场如救火,别说不到,误场都不行!况且观众是衣食父母,按规献艺是你的职责。随着他做人、作艺的不断成熟,逐步形成了自己独特的表演风格和特点,在观众中的影响也越来越大,成了一名独挑大梁的相声名家。除北京的各个园子、尤其是在启明茶社担当"攒底"外,在天津的"大观园""燕乐""小梨园"也经常与白云鹏、金万昌、骆玉笙等曲艺名家同台,并经常被安排在倒一、倒二作为"压轴"节目。由此可见常宝霆的相声在当时已深得观众的喜欢。所以启明这十年也是常氏"三蘑菇"从"娃娃红"到相声名家的历练过程。

## 五、有骨气的相声艺人

### 1.正气凛然的"小蘑菇"

旧社会的艺人社会地位很低,不出名时填不饱肚子,出了名就被地痞流氓、恶霸、黑恶势力敲竹杠,觉得你有油水可榨,就时常找你麻烦。他们要钱的名目繁多,最直接的就是三天两头地给你送帖子:什么老爷生日、太太寿诞啦,公子结婚、小姐过满月啦,各种帖子雪片一样飞来,其实都是瞎编的借口。可是你必须当时就给钱或按帖子的地址去送礼,如果你敢不理,他们就派一群打手闹事,找碴儿,稍有反抗就会遭到一顿毒打。常连安和"小蘑菇"就经常收到这些帖子。凭常连安的耿直和"小蘑菇"的正气,根本看不惯这个,就算忍气吞声尽量打发他们,也会有没做到的时候,经常得罪他们。父亲和大哥没少为这事挨打受伤。

有一次"三蘑菇"亲眼看见大哥被几个流氓围住殴打,吓得他哭着赶紧跑回家去叫人,还没等他跑到家,"小蘑菇"已经跟上他了。"三蘑菇"看看逃出来的大哥没有什么大碍:"吓死我了!大哥你怎么逃出来的?""我看见旁边正好有个水果摊,他们围住我时,我趁势蹲下,拿起水果摊的秤砣,转着圈地砸他们的脚面,他们一疼一松手,我就跑了!""三蘑菇"那眼泪还没干的脸上露出了笑容,他太佩服自己这个聪明的大哥了!

"小蘑菇"常宝堃(左)与赵佩茹(右)

"小蘑菇"聪明胆大是出了名的,除了不惧怕黑恶势力,还在台上时常现场抓彩或编演针砭时弊的段子,"三蘑菇"知道观众之所以热爱"小蘑菇",其中最重要的一条就是在他现挂和编演的段子中说出了人们的心里话。比如:在日伪时期,他在南市庆云杂耍馆表演的传统节目《耍猴儿》,台词中有耍猴儿敲锣的句子。他临时加了一句段子里本没有的台词:"我今天可没带锣来。"赵佩茹经验丰富，知道他要"现挂"，就递了一句："你的锣呢?"他说："都献铜了。"为什么要用这个"现挂"? 因为当时日本侵略者为了制造军事武器，大肆搜刮铜铁。他对日寇的这一所为进行了针砭，不仅反映出他的爱国热情，也反映出他的机警敏捷。

仍是在日伪时期，一次，"小蘑菇"说《卖估衣》，一上来就抖了个包袱儿："各位是不是都看到了，很多的商店大甩卖，都写了，'本日大卖出'的牌子。这几个字要是倒过来念就好听多了'出卖大日本!'"正因为常宝堃多次"砸"日寇的"挂"，他被抓到了日本宪兵队，关押了数月，受尽了毒打和折磨，把一家人急坏了!"三蘑菇"更是心急如焚，因为"三蘑菇"特别喜爱这个大哥。只要大哥在，便总是跟着他，"小蘑菇"宝堃也非常喜欢这个三弟，乐不得带着他，只要父亲不反对，他走到哪儿总带着这个弟弟。让"三蘑菇"最为高兴的就是"小蘑菇"喜欢和他照相，不但他们哥儿俩留下了珍贵的合影，就是"小蘑菇"结婚生子去照纪念照，也不忘把这个弟弟拉上。宝霆从大哥宝堃那儿，从生活做派到使活技巧方面吃了不少的小灶，受到很大影响。大哥被抓，"三蘑菇"偷偷地流了不少眼泪。但他佩服大哥的骨头是硬的，性格是倔强的。

"小蘑菇"被放出来后，仍然我行我素。众所周知，日伪时期他演的段子《牙粉袋儿》引起观众共鸣，至今仍是人们赞扬"小蘑菇"有骨气的话题。这个段子从"说相声的艺人不

容易"开始,然后说一些艺人具体的艰难,最后说到了物价:

甲:混合面吃完了不消化,我妈吃一顿一个礼拜没解大便。

乙:得给老人、孩子买点儿白面吃。

甲:咱不像人家有钱的,什么"金豹"的、"三星"的方袋子面,打个电话,往家里一拉就是三五十袋儿的。

乙:人家有钱咱比不了。

甲:咱最多买上一袋儿洋白面。

乙:嚯! 真敢买袋儿洋白面? 得花两块大洋!

甲:两块? 你再打听打听!

乙:涨钱啦?

甲:刚涨到五块、又涨到七块了。

乙:嚄!

甲:现在是"第四次强化治安",昨天涨到八块钱一袋儿啦。

乙:嚯! 还活得了吗!

甲:他慢慢"强化",咱慢慢熬着吧! 别看"第四次强化治安"八块钱一袋面,听说到"第五次强化治安",白面就落到四块钱一袋儿了。

乙:嘿!落了一倍的价儿?

甲:就是袋儿小点儿。

乙:洋面袋儿?

甲：不！牙粉袋儿。

乙：啊？！

日伪为了加强他们的占领统治，连续进行所谓"强化治安"，致使物价飞涨，老百姓苦不堪言，很显然，《牙粉袋儿》就是一篇替百姓说话，对战乱中百姓民不聊生的状况进行讽刺的力作。在日伪占领区，曾被日本宪兵队抓过的"小蘑菇"，编演了如此大胆而且辛辣的相声节目，其民族节气和英勇精神，实为难能可贵！抗战期间，国民党的飞机不时在上空出现，以掩饰惶恐、表示"强大"，却给民众生活带来了恐慌。一天，他说《财迷回家》，正要说"我不想寻死"这句台词，剧场外又响起了飞机的轰鸣声，令每天在"防空"生活中的观众们有点儿紧张，"小蘑菇"却很从容镇定，接着说："我不想寻死，不想寻死，怎么呢？飞机飞得那么高，我一次都没上去过。"他现场抓了这个"包袱儿"，观众笑了，自然就缓解了紧张的情绪。而且，小蘑菇还没失掉段子中人物的身份。

1947 年，"三蘑菇"在北京，有人来送信儿，大哥"小蘑菇"又被抓了。因为他又编演了新段子《打桥票》，公开讽刺了当时法租界巡捕变着法地盘剥民脂、过桥也要买票、敲诈勒索老百姓的恶劣行径：

甲：从桥那边儿刚走到这头儿，"回去！""那什么……我带着居住证呢。""没问你那个,你打票了吗?"
"打票……""去!往那个小箱子里塞钱去!"

乙:噢,这就是打"桥票"吧?

甲:对,这桥票除了电车、汽车不用打,什么洋车、
自行车都得打票。

乙:那拉车的要是没拉座儿,没钱怎么办?

甲:那好办。

乙:就不打票了。

甲:"把车垫子留下!"

乙:啊?

甲:他一看打老远过来一辆运菜的大车,赶脚的
是个乡下人,累得顺着脖子流汗。"站住!""老总,您
这辛苦了!"(倒口)"懂规矩不懂?""懂,我还没赚着
钱呢,这车白菜过去卖喽,才有钱呢。""没钱呀?不
要紧。"

乙:过去吧。

甲:"搁这儿两棵白菜!"

乙:白菜也要啊?

甲:什么白菜、土豆、黄瓜、辣椒、苹果、鸭梨、猪
肉、粉条、暖瓶、砂锅、手巾、牙膏……

乙:应有尽有。他怎么拿回去呀?

甲:好办,等快下岗了,过来了一辆排子车:"站
住!干吗去?""老总,卸完货回家,对了,我得打桥票

……""算了,别打了。"

乙:谢谢吧!

甲:"把这堆东西给我拉回家去!"

乙:啊?!

前文介绍过,要打票的桥是"法国桥",就是今天的解放桥。"小蘑菇"可没少过这个桥,所以也没少打票。当时,过了这个桥就是法租界,而他又是在法租界的"小梨园"说这个段子,就被抓进了警察局。似乎连警备司令部的政工人员都"欣赏"他的创作才能,亲自审问他,并让他编演"讽刺共产党"的段子。"小蘑菇"心想,让他们那么惧怕的共产党肯定了不起,坚决地说:"你们就是把我崩了,我也写不了、演不了!"这就是"三蘑菇"非常钦佩的大哥常宝堃。

2.挨打还"砸挂"的王世臣

"三蘑菇"亲眼看到,在启明茶社,除了地痞、流氓、黑恶势力以外,腐败政府、军警、特务等也时不时前来骚扰,并三天两头地来茶社,对艺人进行敲诈勒索。那时的剧场、茶社,最后一排不卖票,这十几个座位是专给伪警察和侦缉队特务们留的,叫作"弹压席"。这一伙人不花钱白看戏,还得好烟、好茶招待着,好言、好语打点着。赶上地痞打架或是小流氓闹事,他们有时也要要威风,出面干涉。但更多的时候,却是这帮家伙寻衅滋事。因此,艺人们对警察、特务是又恨又气，可又不敢得罪，敢怒不敢言。那时，国民党征的税多如牛毛，当时的启明茶社缴纳的税就有几十种。像什么"文化税""娱乐税""卫生税""安全税"等五花八门，无中生有，不缴可就捅了马蜂窝。比方说，你没有按时缴"卫生税"，他也不来催你。等你哪天正演出时，突然来一帮检察员，说你的剧场卫生不合格，一句话，封了门，不让营业。这时候，你再出面打点，比缴的"卫生税"还多几倍。

有一次政府官员跑到启明茶社，向后台演员们兜售"爱国荣誉牌"。什么叫"爱国荣誉牌"？就是类似纪念章一类的东西。大个的五块钱，中溜个的三块钱，小个的也要一两块钱。说是"谁买谁爱国""不买不爱国"，实际上是变相敲诈勒索。常连安无可奈何，只得出钱给每个演员买了个小的。谁知道刚打发走这拨儿，那拨儿又来了。那天，台上演出正火炽，父亲常连安在后台里里外外正忙得不可开交，门口又来了一个卖"牌儿"的，进了门就乱嚷乱叫。当时"三蘑菇"和年长点的王世臣正碰见这个人进门，"三蘑菇"低声说："怎么办？"王世臣说："刚圆的粘子（即聚拢了观众），不能让他搅了，我先把他稳住了，别让他嚷。"然后迎上去说："先生！您别看我们这些人都是说相声的，可全爱国。您瞧瞧，我们一人都买了一个'牌子'。"

"不行，不行。你们买的这个牌子，是'分会'的，我现在卖的是'总会'的，不一样！"王世臣明知道这家伙是胡说八道,可还得忍气吞声地对付他:"先生! 您瞧我们这些人吃这碗'开口饭',多不容易,家家都有老有小,等米下锅哪! 先生您高高手,让我们过去吧!"那家伙把袖子往上绾了绾,双手往腰间一叉,斜瞪着眼睛,说道:"别废话! 爱国救国人人有责。不买我的'牌儿',就是不爱国,我看你小子有几个脑袋?"王世臣一琢磨,好汉不吃眼前亏,别搅了台上演出,咬咬牙买一个吧! 伸手拿起一个小"牌儿",说:"先生,我买一个。"没想到,那个卖"牌儿"的家伙不依不饶,非让他买大个的。王世臣也急啦! 说:"你还让我们活吗? 告诉你,老子今儿个没钱!"那家伙哪吃这个,扬手就给了王世臣一个大嘴巴, 王世臣的脸上立马就留下五个手印子。这时在场的"三蘑菇"赶紧去喊父亲,还把后台不上场的人都喊过来了,有人劝解说:"先生!您多原谅,我们这个兄弟年轻不懂事,惹您老生气了。"围上来的人这个气呀,这世道白挨了打还得给他赔不是! 那家伙看看人多也怕惹众怒,找个台阶走了。众人松了一口气,转过头想安慰一下王世臣。只见他一手摸着红肿的脸,另一只手一张,乐了,说:"四爹(叫常连安),那家伙把'牌儿'给忘这啦!"都这样了还"砸挂"呐!

在场的"三蘑菇"觉得真是哭笑不得啊!

3.差点被"抓丁"的"二蘑菇"

那年国民党为了扩充兵源,在北京到处抓兵。因为没有人愿意当国民党兵,他们便采取抽签的方法抓丁。常家也不例外,当时"小蘑菇"在天津,"二蘑菇""三蘑菇"就都被叫去抽签,没想到"二蘑菇"中签了。家里父母着急了,想什么办法能不去当兵呢? 幸好当时有一条规定,不想去的,要么拿200块现大洋,要么就找人顶替。于是常家东拼西凑,才凑了200块现大洋,给征兵的送去了。征兵的长官说:"行了!有了钱,常宝霖就不用去当兵了。"常家父母踏实了,虽然拉了些"饥荒"(债务),但"二蘑菇"能逃过这一劫,也值了。可没想到,过了几天,"二蘑菇"正在台上演出,剧场进来了四个国民党兵。他们等"二蘑菇"一下场,一把抓住他说:"让你当兵,为什么不去? 走,跟我们去部队!""二蘑菇"理直气壮地说:"哎!这可不对,我们已经给了钱了!"

"你给了多少钱?"

"200块现大洋,不就这规定吗?!"

"不行! 物价涨了,知道吗? 你还得加50块现大洋!"

"啊?凭什么再加50块现大洋?""二蘑菇"气急了:"我这200块还不知怎么还呢?家里都揭不开锅了,没钱……"

正在吵闹过程中,来了两个宪兵。宪兵号称是管国民党兵的,他们一看这打起来了,就说:"行了,你们都跟我去宪兵队!"他们被带到宪兵队,队长听完事情经过,"啪"地一拍桌子,对两个国民党兵说:"你们这不是勒索吗? 都给我滚!""二蘑菇"听了这话心想:"还真遇上好人了!"两个国民党兵走了以后,他马上对宪兵队长说:"我真谢谢您了！"

没想到这个宪兵队长告诉他："甭谢！回去拿50块现大洋，送我这儿来。"

"啊？送你这儿来？为什么？"

"我们这些管兵的，你不也得打发打发吗？"这摆明了不是不让别人勒索，是他自己想勒索。"二蘑菇"心里这个气呀！这宪兵队更是个仗势欺人的地

"二蘑菇"常宝霖

方，他没有任何反抗的能力，只能回去和父母又凑了50块现大洋，给他们送去了。

4.不惧权势的张寿臣

那时候启明茶社的艺人经常在表演时发泄一下不满，最典型的还是大哥常宝堃的师父张寿臣，他不但对相声艺术的贡献很大，对常家影响也颇深，当时在圈里和相声观众中是最大的"蔓儿"，人称"相声大王"。而他也是个非常有气节的艺人。1940年张寿臣在启明茶社使了这样的一个开场"垫话"。

他上场的第一句话就说："日本人长不了啦！"这一句话先是把观众说愣了，然后就是雷鸣般的掌声，这是在日

伪时期,谁敢说这话呀？他却说出了大家的心声。紧接着他说:"我说日本人长不了,为什么呢?"他说:"日本天皇的年号就不是好兆。您琢磨呀,日本天皇的年号是什么?昭和呀!'昭'字怎么写？左边是个'日',右边:上边是个'刀',下边是个'口'。什么意思?小日本躺在刀口上了,它能活几天哪？!"他就在日本鬼子的眼皮子底下使了这些讽刺小日本的活,不久因有人告密,被抓进了北京伪内二区公所。特务要审查他说相声的底稿,他说:"没有底稿!"问:"你到底是国民党还是共产党？为什么总说不利于皇军的相声？"他说:"我就知道靠说相声吃饭,不懂得什么叫共产党、什么叫国民党。"特务问不出来什么,就打他。他反问:"你们也都是中国人啊!难道就没有一点儿中国人的良心吗？"结果他被打得奄奄一息也不认错,最后"三蘑菇"的父亲常连安花重金才把他救出来。当他身体恢复以后,仍然我行我素。他引古论今编演了许多嘲讽腐败政府的段子,还针对内战时期国民党搜刮百姓、强占民房等行为在启明茶社说了两首定场诗,

诗一:今朝又逢八一五,抗战数年仍受苦,

明年今日又如何？只恐全国成焦土。

诗二:胜利之后财大发,沦陷人民皆可杀。

飞来这些"英雄将",复住谁家住谁家。

### 5.彰显骨气的启明人

那些具有民族气节和骨气的艺人在启明茶社也是非常受尊敬的。

"三蘑菇"就特别喜欢这样的一位艺人,他是每天中午11点到13点负责开场的评书演员陈荣启,是父亲常连安当年在张家口"撂地"卖艺时结拜的把兄弟中的五弟。那时候他们五个把兄弟一起"联穴":大哥辛文利,变戏法,"撂地"时的"穴头";二哥赵锡贤,变戏法,是著名相声演员赵佩茹之父;三哥焦少海,相声前辈焦德海之子,赵佩茹之师;四弟常连安;五弟是陈荣启。那时候老一辈艺人管常连安喊"四爷""四爹",有人不知是怎么回事,实际上是这么来的。常连安没有兄弟姐妹,唯一的妹妹还是母亲收养的,他一直视这些把兄弟为亲兄弟,对外也称自己行四。

陈荣启原先是说相声的,为什么改说评书了呢?这个事就发生在张家口,他是相声界第一个不使"伦理哏"的艺人。所谓"伦理哏"是指相声演员在台上拿自己家的老人找乐儿。

陈荣启是著名评书艺人陈福庆的儿子,9岁学京剧,因嗓子不宽,改学相声,拜范瑞亭为师。在他学艺和演出过程中,他发现相声艺人为了生存,不得不迎合一些低级趣味的观众,经常使"荤活"和"臭包袱儿"。有些艺人虽然不说"荤活",但也离不开"伦理哏"。陈荣启洁身自好,坚持不演这些下三路的段子，同时，他逗哏时绝不占捧哏的便宜。他是因为敬仰"穷爷"（"穷不怕"朱少文）才说的相声。朱少文是相声界的祖师爷，他表演的所有节目从来没有"脏口儿"，而且针砭时弊，称得上是雅俗共赏。所以他周围的艺人甚至江湖术士都很尊敬地称他为"穷爷"，一个说相声的能让人称"爷"，可见其威信之高。

在旧社会，很多相声艺人"摆地"或上园子，是轮流捧、逗，没有固定搭档。而且逗哏的演什么，在台上要根据观众的情绪临时决定，即"把点开活"。

1933 年，陈荣启和聂文治、焦少海、陈子泉等人去张家口怡和市场内的相声场子说相声。他临时给一位艺人捧哏，这位相声艺人在台上使了一段《牛头轿》。下场后陈荣启就急了："你们骂人和挨骂都那么自然，就不嫌寒碜吗？说相声的上骂三辈儿，下骂五辈儿，连地下的祖宗也不能安静地歇着，不就是为混口饭吃吗？我不干啦！"他一怒之下改学评书。

此事在相声艺人中引起了不小的轰动和反思，当时陈荣启能耐大，赚钱不少，可为了不让别人占自己长辈的便宜，能赚多少钱人家也不赚了！陈荣启饿着肚子改学评书，是一种骨气。当时启明茶社只有一场评书，常连安唯独请他，并把他的故事讲给"蘑菇们"听，常连安请他并不单是因为陈荣启是他的把兄弟，更重要的是常连安觉得陈荣启这种骨气必成大事，时间不长，他便成为评书名家，以说《精忠传》最为精到，表演以平稳、细腻、深刻见长，脍炙人口。

所以，"三蘑菇"常宝霆每天都争取能早到园子听他敬佩的陈五叔说评书，还端茶送水地照顾他。

6.初显正义气节的"三蘑菇"

"三蘑菇"在父兄和艺人的耳濡目染下，虽然年纪尚小，可气节和骨气蕴藉了他的人生观和是非观。他也像大哥常宝堃及张寿臣、陈荣启一样，做出了许多令人刮目相看的事。

1945年的一天，"三蘑菇"和白全福受邀到哈尔飞戏院（解放后更名西单剧场）演出，当时这个剧场的演员阵容也特别强，有张杰尧、高德明、高德亮的相声，荣剑尘、曹宝禄的单弦牌子曲，傅士亭、王佩臣的铁片大鼓，顾荣甫、尹福来的拆唱八角鼓，翟青山的单琴大鼓，白凤鸣、骆玉笙、林红玉等人的京韵大鼓。快到他们俩人上场时，闯进后台几个国民党伤兵，有拄着拐的，有缠着绷带的。实际上那个拐是打人用的。这几个人大嚷大叫："下面该谁上场了？""三蘑菇"一看不好惹，说："该我伺候您了！"

"噢，'三蘑菇'啊！得说黄笑话、荤段子！老子抗战八年，没听过，我们今儿就想听这个！"

这不是启明茶社，没人撑腰，怎么办？他和白三哥说："咱原先定的是《卖布头》，还照常使这个！"比"三蘑菇"大十岁的白全福为给"三蘑菇"壮胆还吹牛："对！甭听他的，咱是聋子杀猪——不听它哼哼。别看他们是国民党兵，我可是'小云里飞'的儿子，练过！"白全福的爷爷是北京天桥第二代"八大怪"之一的"云里飞"，父亲叫"小云里飞"，到第三代白全福这就改了："我不再叫小小云里飞了，我叫飞不动。"他说："我虽然飞不动，但是八段锦、地躺拳、摔跤中的得和勒、别子、背口袋……咱都练过，打架没问题！""三蘑菇"那年才16岁，他们决定"照规矩演"！台上没演"黄段子"，台下的伤兵急了，心想，你们敢不听话！于是这几个背着枪的伤兵到后台，冲着他俩上手就打上了，当时在场的曹宝禄等人赶紧上来进行解劝，好说歹说才把这群伤兵劝走。这时有人问白全福："哎！飞不动，你八段锦、地躺拳不都练过吗？怎么还让人打啦？"

"我是练过呀，可他们拿着枪，甭说我是'飞不动'，连走我都走不动了！""三蘑菇"觉得别看挨打了，但咱没演黄段子，很是骄傲，也感觉对得起衣食父母的教育。

对国民党兵的种种蛮横无理，"三蘑菇"深恶痛绝。有一次在台上入活前垫话时他抓了一个"现挂"说："我们艺人呀！现在太苦啦！太穷了！您说我们这一天得赶好几场还不够饭钱，容易吗？没准一会儿就进来几个国民党兵，说'老子抗战八年，听相声是给你脸哪'。我们找他要钱？不敢啊。有一个小孩，前两天来了，他也说：'老子抗战八年……''啊？你也抗战八年……你多大了？'我问他。他说：'我12岁！''你12岁也抗战八年？''嗯！我在炕上站了八年，炕站八年嘛,他也不给钱!"他就这样用"现挂"讽刺了看相声不给钱的国民党兵。

## 六、"三蘑菇"家二三事

### 1.负面新闻

1947 年 7 月的一天，位于西单达智营常连安家一套两进的四合院张灯结彩,高朋满座。这是常连安要给"三蘑菇""四蘑菇"娶媳妇了!

圈里人都知道常连安家的"蘑菇们"结婚都早,而且儿子们的媳妇都是常先生亲自挑选,四个"蘑菇"都是在他的安排下的包办婚姻,却都幸福地过了一生。常连安为了挑儿媳妇可是废了一番心思:首要条件就是不能是唱戏曲和唱"玩意儿"的,这点倒不是常连安封建,而是他知道唱不红太辛苦,唱红了又容易让人欺负,所以常家姑娘、媳妇在旧社会没有一个涉足文艺的;二是得长得漂亮;三是得有点儿文化。常连安认为儿子们都有名气了,家里得有个漂亮的、知书达理的媳妇拴住他们。"小蘑菇"的媳妇桑秀茹、"二蘑菇"的媳妇李秀珍,都是常连安拍板定的,两房媳妇漂亮贤惠、知书达理。

常宝霆刚 18 岁时,父亲就张罗着给他找媳妇,一个相声圈里叫黄鹤来的文化人,画儿画得特别好,他夫人有个亲戚的女儿,叫余长敏,16 岁,老家浙江余杭,其父幼年随父行医到北京,母亲是北京人,正黄旗,出自书香门第。余长敏读过书,人长得漂亮,眉清目秀,家境也可。媒人将余长敏带到启明听相声,实际上是让常连安"面试",常连安很满意,然后余长敏他们一家也到启明茶社来看常宝霆。双方都很满意。紧接着常连安又拍板给常宝华定了媳妇,同样是长得漂亮又有文化,名叫傅天真。就这样常连安决定:给18岁的常宝霆与16岁的余长敏、17岁的常宝华与17岁的傅天真一起举行婚礼。

两个儿媳妇要一起娶,一次办两件大喜事,可谓双喜临门。可常连安和夫人想的是:一起办省钱、省时、省力。

1947年常宝霆准备结婚时,这个大家庭中已经有两个哥哥、两个嫂子——常宝堃和夫人、常宝霖和夫人,三个姐姐——常宝珍、常宝珠、常宝玉,三个弟弟——常宝华、常宝庆以及刚过"百岁"的常宝丰,四个妹妹——常宝环、常宝姗、常宝玲、常宝瑛,加上侄子常贵田、常贵升和父母,这么一个大家庭虽然有些收入,但也不富裕。所以常连安决定两个人的婚礼一起办。

当时必须要请的大都是业内同人,说相声的基本上都是家无隔夜粮。"请"那可是实实在在地请人吃饭喝酒,而且请的人来了,主家就高兴,即便是有人随礼那也是略微表示心意,可没有挑人家礼物轻重一说。

喜宴在家中举办,来的客人太多了,其中侯宝林夫妇不仅出席,而且侯宝林的太太王雅兰是当天的"娶亲太太",就跟现在的"大了"差不多。那天,侯夫人王雅兰打扮得特别漂亮,烫着头,穿着鲜艳的旗袍,一下子当两对新人的"娶亲太太"让侯夫人那天格外风光!

　　两位儿媳妇同等待遇,一律坐轿;两位新郎官礼帽长衫,胸佩大红花。仪式隆重热烈,拜天地、拜高堂、夫妻对拜之后,酒席开始,气氛活跃。常连安人缘好,高朋满座。令人没想到的是,酒席进行之中,有人感觉肚子疼,一会儿肚子疼的人越来越多,都往厕所跑。那时厕所都在胡同里,一个胡同才一个厕所。厕所门口排起了长队,一个个捂着肚子跺着脚,排队等着上厕所。"三蘑菇"年轻反应快,说:"不好!

做了新郎官的常宝霆

咱饭菜有毛病。"赶紧跑去告诉父亲常连安,当时把常氏父子吓坏了,怎么回事? 报案吧!

　　后来才弄清楚,常连安在家设宴需要请厨师,第一个厨师开完价走了,又来了一个厨师,开价比第一个便宜得多,常连安当然用开价便宜的厨师。没想到,第一个厨师认为第二个厨师抢了他的买卖,便趁人不注意,偷偷地往菜里放了专让人"跑肚拉稀"的中药巴豆,搅了常家的喜宴,

71

害得常家不得不在婚礼后挨个去看望闹肚子的嘉宾。这次事件传遍了北京城，北京的各大新闻媒体连续报道了两天，还刊了一幅漫画——一长串说相声的抓耳挠腮排队上厕所。"两蘑菇结婚事件"在业内同人中也被"砸挂"了好几年。幸亏那天两位新娘刚过门，岁数又小，不好意思吃饭，才没跟着排队挤厕所，要不然小报记者也得拿这俩新媳妇找乐儿！

## 2.一场惊吓

1949年初内战接近尾声，兵荒马乱，"三蘑菇"因演出到天津，和大哥、二哥、四弟一起被解放天津的巷战困住了。

北京当时许多国民党军官带着家属，由城外搬到城里。这帮家伙没地方住，就到老百姓家里派房。说是派房，其实就跟霸占差不多。开始，常家来了一个排长，带着他的母亲和姐姐。进院以后，一眼就看上了常家的正房。可是，常家当时人口多，就没让出正房，给他腾出了两间厢房。没过多久，又来了一个营长，带着他的老婆，还有两个马弁，非要住在常家正房。常连安没办法，只好给他让出了正房。这就得罪了那个排长，他又叉着腰问常连安："为什么当初不让我住正房？"接着那个营长出来就跟这排长吵起来了。两人越闹越凶，营长的马弁掏枪，排长就要出去叫人。营长冷笑一声说："你不就三十多人吗？我有一百多人呐！"那个排长憋了一肚子火，没处发泄，就总找碴儿。吓得常家老小都

72

不敢出屋。

有天晌午,一两点钟的时候,那个排长从外边喝得醉醺醺地回来。进了院,连喊带骂,从各屋窗根儿底下经过时,扬起胳膊肘儿就捣窗户玻璃。当时,常宝霆的爱人余长敏刚生完大女儿常贵荣,小孩才二十来天,娘儿俩正在炕上躺着。听到外面有人大嚷大闹,赶紧扒窗户看,见那个排长砸破了旁边屋的玻璃,正朝着这边走过来,宝霆的爱人急忙抱起孩子,连鞋子都没顾得上穿,下了地。说时迟,那时快,那个排长"咣"的一声,把窗户玻璃砸了个粉碎,窗户底下就是床,孩子刚才躺着的地方,一片横七竖八带着尖儿的玻璃碴子,要是常宝霆夫人动作再稍微慢一点儿,孩子不落个眼瞎毁容也得弄个头破血流不可。常宝霆这长女非常漂亮,那双水灵灵的大眼睛让全家人都喜欢她。这会儿二十来天的小贵荣被巨大的窗户玻璃的破碎声和国民党兵的叫骂声吓得嗷嗷地哭。"三蘑菇"父亲、母亲和家里其他人听见动静,都赶紧跑过来了,只见宝霆的爱人长敏光着双脚站在地上,俩手紧紧地抱住孩子,连吓带气,浑身直打哆嗦。一家子都气坏了,越琢磨越后怕。宝霆妈妈赶紧接过孩子,吩咐大家收拾玻璃碴子,照顾长敏到她的屋里休息。这时候,有人问:"宝霆呢?"是啊,上午刚从天津回来的常宝霆这时候在哪呢?长敏说:"在小西屋里睡觉呢。"原来因为前些天他去天津演出,正遇到解放天津的巷战,战事吃紧,他们哥儿几个被困在天津,从天津开往北京的火车、汽车全部停运。他担心爱人、孩子和家中的老人，又怕父母惦记着在激战中的他们哥儿几个，战事稍一平静，他就从天津步行往北京赶。两天两宿没怎么吃喝，也没睡觉。回到北京，看到家中老人和爱人、孩子及家里人一切安好，也把他们哥儿几个在天津的情况讲给了父母。一切妥当了，心中的石头落地了，长敏说："你赶紧找个清净的屋子睡个觉吧！"由于他两三天没睡觉了，20岁的常宝霆沾上枕头就睡着了，刚才房间的玻璃被砸，他一点儿都没听见。这会儿大家在屋外敲门，怎么也叫不醒他，最后不知是谁找了根竹竿，撬开门的"上亮子"伸进去捅他，才把他捅醒。一听这事，气得"三蘑菇"要找那个排长拼命去。常连安拦住了他，低声说："和这群畜生有什么理好讲，咱们还是忍了吧！你们放心，天津已经解放了，他们是兔子尾巴长不了啦！"

可就是这次事情发生之后，宝霆的爱人长敏因为受了惊吓，原先充足的母乳一下子就没了，而且留下了病根儿，后来几个孩子生下后全都没有母乳。

3.要小把戏

"三蘑菇"与著名单弦表演艺术家赵玉明都是1929年生人，赵家与常家是世交。有一次他们共同上堂会，"三蘑菇"和"四蘑菇"合伙骗了一次赵玉明，至今赵玉明一谈此事，仍耿耿于怀。

"三蘑菇"当时除了说相声之外，其父常连安的戏法他也学了不少,像"仙人摘豆""空碗取酒""九连环"等手彩儿节目他都会,而且还真有点儿功夫。像烧红的铁通条,他能空手从头捋到尾,在炉子上滚开的热水壶,他能提起来摸壶底。他讲"艺不压身",戏法中的幽默语言、包袱儿,都应该学。那次出堂会,闲着没事,"三蘑菇"便与赵玉明从戏法魔术聊到了江湖骗子,并说有的骗子的骗术还真高明。赵玉明说:"再高明的骗子也骗不了我。"

"为什么?"

"我从小跟我爸爸在北京'天桥'、天津'三不管'卖艺,什么骗子没见过。"

"三蘑菇"说:"有的人还真有真功夫,你看见我了吗?我就有真功夫。"

赵玉明一撇嘴:"你有什么真功夫?"

"三蘑菇"马上吩咐"四蘑菇"说:"你去找人借盒烟。"然后他拿出五根烟,摆成一排,说:"我把身子背过去,你随便摸第几根,我转过身就能指出来。"赵玉明不信,二人打赌,一次两角钱。然后"三蘑菇"背过身去,赵玉明迅速地点了点第三根烟。"四蘑菇"说:"猜吧!""三蘑菇"转过身来,假装发功,口中念念有词,然后一指第三根烟:"你摸的是这个。"赵玉明纳闷:神了!没有镜子、没人说话,"四蘑菇"在她眼前既无任何动作,也无任何语言。怎么回事?

她不服,掏出两角钱。说:"再来一把。""三蘑菇"转过身去,她在第一根烟上边点了一下,都没挨着这根烟。"四蘑菇"说:"得了!""三蘑菇"又假装使相,说:"第一根!"

赵玉明越好奇越不服,一会儿就把堂会赚的一元钱全输了。

这时,常连安过来了,问:"干什么呢?"赵玉明说:"他太能耐了……"

常连安哈哈一乐,对"三蘑菇"说:"告诉她怎么回事!""三蘑菇"赶紧把钱退给了赵玉明,然后告诉她"一、二、三、四、五",这五个数,我把它们变成"得、来、猜、瞧、看","四蘑菇"说哪个字,我就知道你摸的是第几根烟。而且别人对"四蘑菇"说的字都不往心里去。如你摸第三根烟,"四蘑菇"说:"猜吧!"很正常吧?但我便知道你摸的是第三根;你摸第一根烟时,"四蘑菇"说"得了",我就知道是第一根烟啦!敢情是这么回事?赵玉明说:"你还假装念咒,出去!你上外边念咒去!"三人哈哈大笑。

赵玉明说:"这个'小把戏'是'三蘑菇'琢磨出来的,你说他多聪明?!后来许多人都玩这个'把戏',可来源是人家'三蘑菇'。"

# 第二章 全新使命

　　解放了！战争结束了，国民党兵被赶走了，腐败政府被推翻了，人民政府建立了，黑恶势力被镇压了，贫苦大众欢欣鼓舞，一片改天换地的景象！对于只有 20 岁的"三蘑菇"常宝霆来说，一切都是那么新鲜，这时大哥常宝堃刚刚出席了全国第一次文学艺术工作者代表大会，受到了毛泽东、周恩来、朱德等国家领导人的亲切接见。当大哥给他讲大会盛况以及和国家领导人握手的激动心情时，常宝霆深受鼓舞，他在激动和兴奋的同时内心感觉到，这意味着像他们兄弟这样的艺人将会有一种全新的、他内心一直期盼着的那种改变。新中国的成立，确实给常宝霆的艺术生涯带来了新的生机。

## 一、拯救相声于危机

### 1.寻找出路

　　1949 年 8 月他参加了北京市委举办的文艺界学习班，学习班中所倡导的新思想、新理念、新的文艺路线让常宝霆振奋不已。但是，会上有个女干部提出："文艺界哪个部门都好办，像京剧、评剧、鼓词不是都有新节目了吗？

唯独相声,那里面有太多的低级、庸俗,拿父母抓哏,还有讽刺、挖苦劳动人民。"常宝霆听后压力很大,也感到大部分旧相声内容陈旧、低俗,新社会的万象更新不能融合,而相声艺人们的状态又是一盘散沙,当时有两位老艺人进工厂演出,使的是《反正话》,如楚霸王、王八杵,孙猴子、猴孙子等"包袱儿",刚刚脱离苦海接受新思想的工人们不爱听也不接受,便把他两人轰下了台。于是,一些人就认为相声这种文艺形式没有存在的意义了,已经不能适应新的形势,不能为新中国服务,也不能被工农兵接受。这让常宝霆和许多有志向的相声演员感到了相声前途的危机。他找到常宝堃说:"大哥,你参加了全国那样的大会,受到国家领导人的接见,说明我们相声和相声演员没有被国家抛弃。大哥你说,现在的情况我们自己要怎么去做呢?"大哥也激动地对他说:"老三,我也在想,这次大会把相声归为'曲艺'不再是'十样杂耍'了,我们也被称为'文艺工作者',现在我们是国家的主人了,没有人敢再欺负咱们了!可相声那一套老的东西还是要靠我们这一代自己去努力更新啊!"是啊,改天换地,万象都得更新了,相声不更新就会被淘汰!那一段时间,常宝霆吃不下、饭睡不着觉。想的都是:相声的出路在哪儿?这条路应该怎么走?这事应该由谁来牵头呢?他和兄弟们及同行之间见面聊的话题全是相声的出路,大家都觉得得找一个有分量的人牵头。1949年底,他们听说老舍先生由美国归来，下榻北京饭店，就前往拜访老舍。他们知道老舍先生熟悉民间艺术，在抗日战争期间曾说相声讽刺日本侵略者。见面后，老舍先生同大家谈得很亲切。谈到了相声的前途。谈到大家思想上的消极状况时，老舍说："我就不信，相声一点前途没有啦？大伙抱成一个团儿，都出主意嘛！"他认为《地理图》《报菜名》这样的十几段相声都可以改编，他说："依我看，把骂大街、贫嘴废话去掉，加上些新内容、新知识，既有教育意义，还有笑料，大家照样能欢迎。"老舍还自告奋勇："大家回去，把这些本子找来，我给改改，先蹚蹚道儿，改出几段大家先演着，不过大家都得动手才行哪！"

这次拜访进行了两个多小时，大家都觉得心里热乎乎的，备受启发。第二天《人民日报》发了消息，标题是"相声艺人访老舍"。

2.力挽狂澜的相声改进小组

目标和信心有了，怎么抱团干呢？经过商议，他们决定成立一个改进组织。成员有常宝霆、孙玉奎、侯宝林、刘德志、侯一尘、全长保、佟大方、罗荣寿、高德亮、高凤山、于世德，共11人。

1950年1月19日，在北京曲艺工会的协助下，由以上11人发起的北京相声改进小组在前门箭楼上正式成立了。办公地点设在前门外大礼纱帽胡同路北新华游艺社。

首先他们制定了改进小组的工作目标:(1) 把全体相声艺人团结起来，从事相声的改进工作;(2) 成立相声大会，一面改进一面实习，所有收入作为演员的生活费用;(3)成立识字班，消灭文盲，并进行时事教育;(4)使每个相声艺人的文化、政治水平逐渐提高,随之彻底改造相声,以达到对群众进行宣传教育的目的。

**相声改进小组的标志**

改进小组的组织形式为:组长一人,副组长二人（组长和副组长两月一轮换:孙玉奎和侯宝林曾先后任过组长，常宝霆曾任副组长），秘书一人;下设学习股(负责组织学习班、业务检讨会及新相声研究会)、演出股(负责联络、监听、场务等事项)、总务股(负责文书、事务、会计及财务保管等事)。

小组定制了一面红色的三角旗,上面印有"相声改进小组"六个字作为标志。

相声改进小组一经成立,常宝霆第一次感觉到一种前所未有的使命感!觉得他们改进小组肩负着相声的前途和未来。他深知,相声作为纯粹的语言艺术是具有很大魅力的,同时也明白相声出于市井俗文化的那些"伦理哏""打哏""荤哏",虽经旧时代他们努力地净化过,但仍不适应日新月异新中国的文艺环境。

其实,新中国成立前也有创作改编和表演积极因素的相声的传统,从"穷不怕""万人迷"、焦德海、张寿臣、张杰尧,到常连安、常宝堃、侯宝林,都搞过。只是在新中国成立前,没有正确的方向,也没有组织起来。常宝霆深感,目前有了组织,有了目标,在改天换地、万象更新的今天,相声只有一个出路——改进!

任务艰巨,不能有丝毫的懈怠。他们针对改革小组的工作目标拟定了方案和步骤,接着就是夜以继日地开始了大量的实施工作:(1)开始了对传统相声的整理改编和对新段子的创作工作。对整改和创作的段子进行文字编辑并发表于改进小组特刊。(2)成立了相声大会,团结相声艺人走进剧场,对整理改编的传统相声和新编相声进行试演。(3)每天安排人员对演出效果和观众反映进行反馈,再进行讨论和整改。(4)他们还成立各种学习班、扫盲班,组织艺人们每天进行文化学习和政治学习。

首先,改进小组成员自己或组织一些有文化的相声演员对经典的传统相声进行完善改编,去其糟粕,取其精华,形成了许多新相声,而相声改进的引路人老舍先生一个多月就改出了三四段相声,并且和小组成员一起对这些新相声怎样用到舞台上反复进行商讨。同时,罗常培、吴晓铃、吕叔湘等爱好相声的知名文化人也加入了改进相声的行列。

很快全新面貌的相声出来了,有老舍先生改编和参与的《贾博士》(即《新文章会》)《维生素》(即《新菜单子》)《两条路线》(即改编的《地理图》)《改编绕口令》《卖布头》等,同时还创作了一批新相声,如《一贯道》《二院房东》《婚姻与迷信》《对春联》等。小组开始活动后仅10个月,改编与创作的传统新相声和新相声就有32段,为进一步改进相声打下基础。并且在作家文人的思维与演员语言经验的结合上,开了先河。

其二,成立相声大会,团结相声艺人走进剧场对整理改编的传统相声和新编相声进行试演。

由小组成员联系、组织,经有关部门批准,从1950年3月2日开始,相声改进小组以"相声大会"形式演出。第一场演出是在新华游艺社,是三间二层楼的楼房,能容纳一百多观众。采取不售票、观众听后走时收钱的方法。演出从上午十点到晚上十点,中间不休息。演员大部分是小组成员,有侯宝林、郭启儒、常宝霆、白全福、孙玉奎、全常保、刘德智、于俊波、谭伯如、佟大方、于连仲、于春藻、常宝华、罗荣寿、高德亮、赵连升、于世德、赵春田等,还有汤金澄的口技、高凤山的快板、孙宝才和王文禄的双簧。相声大会的收入除去很少的办公费以外,都分配给演员。演员的分配以分数计算,最高和最低相差六倍,侯宝林拿最高的,是12分,常宝霆拿10分。除此之外,都在8分以下,新华游艺社开始演出相声大会以后,北京市各曲艺场所就没有相声了，观众听相声只能到新华游艺社来。这样，新华游艺社的观众日渐增多。演员收入开始能够维持生活了。其后，从外埠回来的一些相声演员也纷纷加入，丰富了相声大会的节目，阵容越来越强大。

1950 年 5 月 28 日，北京市第一届文代会召开，相声改进小组为文代会演出，受到代表们热烈欢迎。

其三是设立监听制度。演出时由刘德智等在后台监听。凡是说得不对的，如迷信、色情、谩骂等词句都记下来，告诉演员，有的问题集体讨论修改。在剧场试演，听取观众意见，进行修改后再试演，大家认为没有问题了，印出本子，作为固定的脚本。这样就使不论是创作的新相声还是整理的传统相声，能够达到较高的水平，并使其定型化，有利于广泛传播。

其四是坚持每天上午组织小组成员学习一小时（包括政治、识字、名词解释、时事解说等内容），并为没文化的老相声演员成立"扫盲班"，教授文化。还组织一些演员成立了短期新文艺讲习班，学员有于世德、赵春田、赵振铎、于连仲、于春藻、贾振良、黄铁良、孙宝奎、辛宝珊、王学义、赵世忠等。改进小组还发给每人识字课本一本、笔记本一本、金星钢笔一支。通过学习，小组成员和学习班的演员的觉悟普遍提高。这种有组织的、欣欣向荣的学习和教授让相声演员感到，相声这门常年只能闭门师承传授的"手艺"，开始向大众普及的、喜闻乐见的艺术形式转变。

其五是对整改和创作的段子进行文字编辑并印发改进小组特刊。1951 年 3 月到 7 月,相声改进小组出版了四本以《新相声》冠名的作品集,其中包括《婚姻与迷信》《假博士》《思想改造》《大破一贯道》等名篇。相声改进小组与三联书店、九州书店、中国青年出版社等单位先后共同编辑出版了六种相声作品专辑。

3.全身投入改进的常宝霆

别看这 11 个人发起的小组,在相声发展史上可是一个不同寻常的组织,收到了非常好的效果,不仅使大多数从旧社会过来的相声艺人感到了重获新生,还使相声表演跻身于新中国艺术之林。

年仅 20 岁的常宝霆,作为改进小组的核心领导,以新中国文艺工作者的全新面貌、怀着拯救临危相声的责任感和使命感,每天参与组织、讨论、演出和学习,并参与了大部分相声段子的文字整改和舞台表演再创作,他自己在相声大会演出了《假博士》《不离婚》《婚姻与迷信》《乱形容》等新编相声,这些段子生动、形象地歌颂了工、农、兵、学、商的新生活和精神面貌,揭露、

青年时期的常宝霆

84

讽刺了旧社会、旧风俗,受到广大观众的热烈欢迎,剧场效果非常火爆,这让常宝霆兴奋不已。第一次深深感受了创新所带来的欣喜,这对他一生都追求创新和致力于结合新生活进行创作是有很大影响的。

相声改进小组成立之前,"三蘑菇"的大哥常宝堃参加第一届全国文代会后,参加了天津的"旧剧改革委员会",并在参加各种政治政策和新型文艺学习班的同时创作了《新灯谜》《思想问题》等新相声,并对他们创编的笑剧(颇像目前的小品)赋予新内容。常宝霆多次与哥哥进行沟通,见不到面时就写信。在这个特殊时期,哥儿俩骨子里那种求新向上的意愿得以抒发,对改编新相声常宝堃思如泉涌,对文人的参与常宝霆如数家珍,哥儿俩的相互启发对北京、天津的相声改革给予了很大的帮助。

对相声改进小组取得的成绩,老舍在《新民报北京·日刊》发表的"向相声小组道喜"一文中说:"北京相声改进小组的成功并不是偶然的。第一,它团结了相声艺人,使大家明白怎样在思想上、业务上共同改进……第二,相声小组的成功,是因为它真拿出了相当好的东西,交给了人民,起了思想教育作用……"两天后他又在《人民日报》题为"介绍北京相声改进小组"的文章中说:

　　本月 19 日是北京相声改进小组成立周年纪念日。在这一年里,以小组为基础,北京的相声艺人们进行了内部的团结工作,并共同研讨如何改进相声。对相声的改进大约采取两个办法:消极的,不论表演什么都力避脏口(如撒村,用父母、妻子开玩笑,挖苦劳动人民等);太坏的老段子不再演用。积极地改编老段子,删去陈腐,添加新道理和创作新段子。新段子的创作有的由文艺工作者执笔,有的由艺人自创。大致的说,艺人自创的比较好一些,因为他们会巧妙地运用老技巧。文人写的须经艺人修改过才能充实。取笑是件很难的事。文人们有思想,但如何把思想用笑话说出来,就要向艺人们请教了。

演出的成功、主流媒体的宣传和肯定,更加坚定了常宝霆和小组成员的信心。

4.相声大会的成功

北京的相声大会取得了成功,常宝霆提议说:"咱们去天津,第一场进中国大戏院。"侯宝林说:"咱不谋而合。"这时有人担心:"相声从来未进过中国大戏院,那是梅兰芳、马连良等大师们演戏的地方,咱头一炮要是泥了(即失败了),以后可甭想进天津了,不如先找个中型剧场,演火了再说。"侯宝林、常宝霆、孙玉奎等人最后坚定信心,一定要去中国大戏院。

结果他们在中国大戏院的首演轰动了天津,有些观众居然带着被褥,头天晚上就去剧场门口儿排队买票;更有的观众头天晚上看完演出不回家，就在门口排一宿的队买票，第二天继续听。在相声发展历史上，这种情况可能是空前绝后了。有人不解，说："听梅兰芳、马连良排队，听相声也要排队呀？"是啊，不排队就买不到票。之后，相声改进小组在大观园上演相声大会时，特约常宝堃为舞台监督。

在天津演出期间，常宝霆积极奔走、协调，促成了以常宝霆的大哥常宝堃为首的天津相声演员与以侯宝林、常宝霆为首的北京相声演员的多次合作，举行了义演，并于1950年6月18日举行了联欢大会，两地演员互换锦旗，北京相声改进小组赠给天津文艺工会（当时知名艺人都加入文艺工会，属工会领导）的锦旗上书有"愿在工会领导下努力学习为广大群众服务"。

在天津演完之后，他们趁热回北京，拟了一张节目单，来到长安戏院，找到管业务的负责人。没想到，因为票价问题发生了争执。侯宝林问："您看这票价怎么卖呀？"负责人说："卖三、四、五角比较合适。"侯宝林再问："裘盛戎卖多少钱？""八角。""那荀慧生卖多少钱？""也是八角。"侯宝林有点儿急："那我们凭什么只卖到五角？你是怎么想的？"负责人解释："哎，您应该知道呀，人家那是京剧——国剧啊！再说人家那是多少人？挑费有多大？你们说相声的是俩人一档，底儿轻啊……"侯宝林有在天津演出的底气，坚持说："不行，他们卖八角，我们也卖八角，少了不行。"

当时,剧场和演员有两种分钱方法,一是包干,也就是租剧场,无论卖出多少票,剧场不管,演员要付给剧场300元;二是劈账,所有的卖票收入由剧场和演员按二八或是三七分钱。侯宝林回来和大家一商量,都同意坚持原先的意见,不变。长安戏院负责人考虑再三,便同意他们的演出票价与裴盛戎、荀慧生一样,又同意劈账。

演出那天是个星期五,好像是故意跟他们过不去,天还没亮,就下起了倾盆大雨,一直下到了下午。三点多钟,雨小了一点儿,侯宝林、常宝霆等人就到了剧场,不是准备演出,而是放心不下,要看看卖了多少票。还行,已经卖了一半,还都是前排八角一张的票。他俩刚要离开,也是不放心的罗荣寿来了。是啊,把票价定得这么高,要是卖不出去,收入少一些也无所谓,不就栽了跟头?他说从现在这雨要是不下了,我看少说能卖七成座。嘿!天遂人愿,雨真停了,到了开场:客满!既下雨又是星期五,都满堂座,何愁转天呢?结果自然又是客满。也只演出了两场,走人了,去了吉祥戏院。他们真有智慧,说:"在西城演出了,咱再去东城演两场,也让那里的观众听听咱的新相声。"

观众空前的热情和与京剧名家同等的票价成为两个突破,为相声争了光,而且,"相声改进小组"的相声大会,引起了社会各界的重视,许多机关、团体、工厂、学校邀请他们去演出,还有人索要相声本子。为了适应形势的需要,做好相声的普及工作,他们与三联书店、九州书店、中国青年出版社等单位先后共同编辑出版了六种相声作品专辑。相声改进小组成立一周年之际,他们编了一本《北京相声改进小组一周年特刊》,第一篇文章是语言学家罗常培的"相声的来源和今后努力的方向",还载有李甦、谭伯如等人的文章以及小组一年来的工作总结,最后附有孙玉奎、侯宝林共同创作的相声作品《一贯道》。

5.相声改进小组载入相声艺术发展史册

1951 年 3 月,相声改进小组成员侯宝林、孙玉奎、侯一尘等参加中国人民第一届赴朝慰问团,常宝霆的大哥常宝堃也参加了第一届赴朝慰问团。赴朝慰问团回国后,演员们分头加入了北京、天津的各种曲艺团体,常宝霆去了天津。相声改进小组也因完成了自己的历史使命而自行解散。

北京相声改进小组成立之时,正是我国相声艺术何去何从的关键时期,它使我国多年在民间流行的艺术形式开始向健康的方向发展,对全国许多地方的相声发展产生了深远的影响。如天津、沈阳、济南、开封等城市相继推出的相声大会,许多都采取了类似的形式。相声改进小组提供的大量改编后的传统段子和新编相声段子的完整印刷本,也开创了先河,其影响和功绩是不可磨灭的。

由相声演员自发组织,全面、系统地对相声作品和表演进行改进,以适应新中国的发展,无疑在相声艺术能够存续的历史上具有里程碑式的进步性意义。虽然时间很短暂,但是光芒很璀璨。而北京相声改进小组的 11 人中,常宝霆是最后一个离世的。

## 二、刻骨铭心的 50 年代初

### 1.玉柱倾倒,痛失大哥常宝堃

大哥常宝堃赴朝慰问马上要出发了,常宝霆在家中摆送行宴,大哥常宝堃、大嫂桑秀茹及侄子常贵田、常贵祥全来了,到场的还有常宝霖、常宝华、苏文茂等人,宝霆说:"我们都报名了,但只批准了大哥一个人。您就放心去慰问咱们志愿军,大嫂和侄子由我们来照顾。"在这次酒席宴上常宝堃还做了一个决定,他和自己的弟子苏文茂讲:"我走之后,你就和常宝华搭档吧! 两人互为捧逗,能耐差不多,收入对半分账好吗?"苏文茂和常宝华欣然应允,并都表示让常宝堃放心。自大哥赴朝后,常宝霆每日听广播、看报纸,一有消息就马上告诉母亲和家里的亲人。到了 1954 年 4 月,报纸上登出消息:中央慰问团胜利地完成了任务,即将凯旋。常宝霆高兴得不得了,立刻给在北京的父亲打电话,告知这个消息,可没想到,一个突如其来的消息让常宝霆惊呆了……常宝堃在 4 月 23 日的归国途中,遇到敌机轰炸,光荣牺牲了!

常宝霆怎么也不敢相信,多少年来朝夕相处、相亲相爱的大哥,就这样与他们永别了! 哀恸之际,又情不自禁地想起了家里的亲人：父亲、母亲、大嫂、侄儿……特别是父亲，颠簸一世，年过半百，这些日子整天在家中望眼欲穿，如果一旦得知爱子不幸牺牲的消息，让他怎么接受得了！

他与弟弟宝华及二哥宝霖一起商议了好久，觉得这件事十分棘手，必须要谨慎。于是三人进行了分工，由宝华陪同上级委派的同志去北京，给父亲做工作，他和宝霖去做大嫂的工作，照顾、安慰大嫂和侄儿们。

父亲常连安理智地对组织上和同志们的关怀慰问深表感谢。说到大哥的后事，坚强的老人家态度非常明确，说："一个艺人能够为国捐躯，做到这一步就很不简单了。作为家属来讲，我们没有任何要求，特别希望不要给国家增添任何困难和麻烦。"

但是，党和人民给了常宝堃极大的荣誉，政府决定追认常宝堃及与他一同牺牲的弦师程树棠同志为"革命烈士""人民艺术家"，天津市又为常、程二烈士举行了隆重的公祭大会。天津市成立了治丧委员会，时任中共天津市委宣传部部长黄松龄任主任，市文化局局长阿英（著名作家）任副主任。5月15日公祭，中国人民赴朝慰问团总团团长廖承志、副团长陈沂、田汉专程来津祭悼。首都组织了四十多人的文化界代表团，有王亚平、李少春、裘盛戎、袁世海、白凤鸣、新凤霞等，也赶到天津。前往公祭和凭吊的各界代表多达数万人。5月18日送殡，全国的相声演员几乎都到场了，据他们后来描述，那天喜爱"小蘑菇"的天津老百姓自发地扶老携幼走上街头，送别他们心目中可亲可敬、为国捐躯的相声大师最后一程。走在最前边的是廖承志团长和陈沂、田汉副团长，天津市市长黄敬一起扶灵，还有副市长许建国、周叔弢及各机关团体的主要负责人李烛尘、杨振亚、娄凝先、毕鸣岐等。从劝业场到东南角，人山人海，半个天津市的市民排了数华里长的送殡队伍，人们自发做的挽联、横帐铺天盖地，上边写着他们惋惜的心声！

陆定一、茅盾、胡乔木、周扬、老舍等刊发悼词，并拍摄了纪念新闻片。

一位相声演员和同时逝世的弦师程树棠，获百姓和政府如此爱戴，史无前例。

2.重负压身，成为名副其实的人民演员

常宝堃的牺牲让相声同人和爱他的观众非常痛惜，然而对于常家来讲，不仅仅是失去了一棵常派相声的顶梁柱，更是失去了作为长子和大哥那博大的、具有魔力的爱的凝聚力！20出头的常宝霆知道，疼爱他、守护他、敦教他、在他心里永远都会引领他们的大哥离去了！大哥常宝堃率领他们努力的自成一派的常氏相声刚刚走向成熟；他那董声相声界的热情、自然、真切、生动的表演，活灵活现、特征鲜明的模拟和无可比拟的现场互动和抓彩还在观众的脑海里浮现；他还作为被喜爱他艺术和为人的人们选为人大代表和政协委员,他还没有来得及代表他们去参加会议;他所喜爱的相声艺术在新中国刚刚得以施展,他却离去了!天妒英才!

对于常家来讲,虽然常连安先生还在,"二蘑菇"和"四蘑菇"也正在观众中走红,但"常氏相声"这座大厦在失去相声英才常宝堃后会不会坍塌?大家把目光都集中在年轻的、已在全国享有相声名家声誉的"三蘑菇"常宝霆身上,常宝霆也自觉重负在身。悲痛过后,他知道,要想继承哥哥的遗志,只能努力去向大哥学习,用艺术、用作品来说话。

追悼会之后,为纪念常宝堃和弘扬曲艺事业,在父亲常连安的提议下,向组织提出申请,经批准,于1951年9月成立了民办公助的天津市曲艺工作团(天津市曲艺团的前身),常连安为团长,副团长是赵佩茹。常宝霆他们兄弟几个一同进入了该团。这是全国建立的第一个由文化部门领导的文艺团体。"常氏相声"被吸纳入国家和政府扶持培育的艺术摇篮,这对常宝霆来讲是真正脱离了社会游散艺人的身份,名副其实地成了国家文艺工作者。这无疑让他感到身负重任,坚定了为国家和观众需要的曲艺事业去做贡献的决心。对于常家来讲,常宝堃的牺牲和艺人身份的转变,让1951年变得刻骨铭心。因而,在常连安的支持下,常宝霆及二哥常宝霖、四弟常宝华一起向组织提出申请,要继承大哥的遗志,去朝鲜参加慰问志愿军。

3.首创"曲艺剧",勇夺新中国第一届戏曲会演大奖

1951年的常宝霆年轻,接受新鲜事物快,对如何发挥组织起来的曲艺工作团的集体力量,演出喜闻乐见的新东西,他动了不少心思。他想到可以借鉴大哥常宝堃在1940年成立兄弟剧团时演反串戏轰动一时的经验。可那时的反串戏是反串京剧,又叫"笑剧",都是活词,内容来源于电影、京剧、相声以及南方的滑稽戏,比如根据《化蜡扦儿》改编的《孝子》,曲艺演员反串京剧都是正宫正唱,但几乎都不扮上,还是长衫大褂。李默生的《刺王僚》、"小蘑菇"的《骆马湖》都很有名,以小花脸为主在台上"砸挂"。剧本大都是个大纲,全靠演员在台上随意发挥。目前虽然不可能

1951年,天津市曲艺工作团成立

再去模仿旧时期的"笑剧",但可以借鉴它的形式。他首先与有编剧、导演才干的陈寿荪、王家齐、张鹤琴等人商量,提出"要搞反应新时代的'反串戏',但要根据咱们的优势进行改革"。曲艺团的优势是什么?那就是阵容强大的鼓曲演员和鼓曲乐队!于是他们决定要创作和编排剧目。这个建议得到了团长常连安的支持。常宝霆和编剧、导演、演员、乐队共同商量,很快明确了几条:一是音乐全部采用单弦牌子曲,"拆唱八角鼓""彩扮莲花落"等穿插演唱,从而构成"联曲体"的音乐基调;二是伴奏乐器除大三弦(主弦)和南梆子(乐队指挥)外,还有弹拨乐器、弦乐器和打击乐器等近二十种。而打击乐只在前奏曲和幕间曲以及一些曲牌中使用;三是采用滑稽诙谐的对白风格,以及话剧的化妆和分幕分场的形式,做到唱、念、表演并重;四是剧目题材以反映现实生活为主。名字定为"曲艺剧"。就这样,这一独有的曲艺表演形式诞生啦!他们先后排演了《家庭问题》《检举》《技术员来了》《挑对象》《夫妻关系》《姐妹俩》《早晨》《中秋之夜》等剧目,都很受观众的喜爱和欢迎。所有这些戏,常宝霆都是主演男一号。

而曲艺剧这一形式火遍全国并得到普及,是在1952年。当时常宝霆得知要举办新中国成立以来的首届戏曲会演,因为当时还没有中国曲艺家协会,曲艺包含在中国戏剧家协会之内。常宝霆觉得天津曲艺团有颇受欢迎的曲艺剧作品,便和领导提出这首届戏曲会演"不能没有咱呀"！

于是根据常宝霆他们主演曲艺剧的演员的提议，将陈寿荪、曹荆予、李光根据歌剧改编的表现翻身农民响应增产节约号召，与旧思想、旧意识做斗争的曲艺剧《新事新办》进行进一步完善和改进。为了增强音乐设计，他们让曲艺伴奏重量级的人才卢成科、王殿玉、马涤尘、李默生为音乐主创，前奏曲、幕间曲还吸收了河北梆子的过门《海青歌》。常宝霆和筱映霞为主演，演员有苏文茂、石慧儒、骆玉笙等。《新事新办》于1952年10月赴京参加第一届全国戏曲观摩演出大会，引起轰动，获演出三等奖及戏曲音乐一等奖。这是新中国成立之后，曲艺演员第一次在全国获大奖。

《新事新办》获得大奖、引起轰动之后，骆玉笙还拿常

曲艺剧《新事新办》剧照

宝霆砸挂："你们安排我在这出戏里演妇女主任，刚一开始，我还琢磨'妇女主任'这个官不小，没想到我一上场全剧就结束了，闹了半天我是给你跑龙套啊?!"

第一届全国戏曲观摩演出大会是新中国成立后的第一次全国性戏曲会演，由中央人民政府文化部主办，1952年10月6日至11月14日在北京举行。毛泽东为第一届全国戏曲观摩演出大会题词："百花齐放、推陈出新。"这次会演的目的是通过互相观摩，交流经验，奖励优秀剧目，以推动戏曲艺术的进一步改革和发展，更好地贯彻"百花齐放，推陈出新"的方针。马彦祥任大会秘书长，沈雁冰任筹委会主任，周扬、田汉任副主任。11月上旬观摩演出结束后，马彦祥主持大会政策组座谈会，听取全国各地演员的意见。

闭幕式上，周恩来总理作了重要讲话，他指出：这次会演是历史上从来没有过的，它标志着戏曲工作前进了一大步，看出了毛主席所指示的"百花齐放、推陈出新"的远景。并就"百花齐放，推陈出新""普及与提高""政治标准与艺术标准""团结与改造""克服困难，迎接胜利"五个方面的问题作了重要指示。周扬作了观摩演出的总结报告。

和常宝霆他们一起参加会演的著名剧团和剧目有中国戏曲研究院梅兰芳等演出的京剧《贵妃醉酒》，程砚秋等演出的京剧《三击掌》，李少春等演出的《宋景诗》，张云溪、张春华演出的《三岔口》,云燕铭、张云溪、李宗义演出的《兵符记》;戏曲实验学校刘秀荣等演出的京剧《白蛇传》,李万春、马连良、杨宝森、张君秋等联合演出的《甘露寺》;太平京剧团谭富英、裘盛戎演出的《将相和》;尚小云等演出的《汉明妃》;荀慧生、筱翠花等演出的京剧《樊江关》;吴素秋等演出的京剧《玉堂春》;李桂云等演出的河北梆子《春秋配》;首都实验评剧团李忆兰等演出的评剧《女教师》;军委总政文化部解放实验评剧团新凤霞、赵连喜、赵丽蓉等演出的评剧《打狗劝夫》;军委总政文工团越剧团徐玉兰、王文娟等演出的越剧《西厢记》等,当时真是名家荟萃!

会演不仅检阅了新中国成立三年间的戏曲改革工作成果,还为各地的剧种、剧团及艺人提供了交流的平台,对于推动戏曲发展有不可磨灭的作用。《人民日报》于11月16日发表了题为"正确地对待祖国的戏曲遗产"的社论。沈雁冰部长代表文化部向获奖者颁发了荣誉奖、剧本奖、演出奖、演员奖奖状。这次会演,涌现出一大批优秀剧目。会后出版了《中央人民政府文化部第一届全国戏曲观摩演出大会剧本选集》。参加会演的有京剧、评剧、河北梆子、晋剧、豫剧、秦腔、眉户、越剧、淮剧、沪剧、闽剧、粤剧、江西采茶、湖南花鼓、湘剧、汉剧、楚剧、川剧、滇剧、曲剧、桂剧、蒲剧、昆剧等23个剧种的37个剧团、1600多位演职员,共演出82个剧目,包括传统戏63

个,新编历史剧 11 个,现代戏 8 个。这是戏曲有史以来规模最大的一次交流活动。会演大会成立了由 52 人组成评奖委员会,对参加演出的剧目和演员等有关艺术创作人员进行了评奖。

在全国这么重大的戏曲活动和这么庞大的戏曲演出阵容中,常宝霆他们表演的新曲种曲艺剧《新事新办》获得的演出三等奖和戏曲音乐一等奖实属不易,并充分证明了所得奖项的含金量。为天津的曲艺发展和全国曲艺剧的盛行做出了贡献。随后在天津竟然出现"全城争睹《新事新办》、人人学唱三月桃花"的盛况。因为剧中单弦名家石慧儒演唱的"三月桃花一齐开放"采用了山东落子的旋律,优美易学,几乎大街小巷都在学唱。而主演常宝霆,作为当年的"实力派加偶像派",那英俊潇洒的形象、幽默诙谐的语言、浓郁有味儿的唱腔几十年都留在了喜爱曲艺的观众印象中。

继而,天津各曲艺团先后都开始唱曲艺剧,天津市红桥区成立了曲艺剧队,由常宝堃的大弟子李伯仁任主演;同时北京市成立北京市曲艺剧团,由魏喜奎任主演,并将曲艺剧《杨乃武与小白菜》《箭杆河边》搬上了电影银幕。

作为 23 岁的年轻人,自己主演和参与主创的曲艺剧,第一次参加党和国家领导人十分关注的文艺会演就能抱回大奖,对于常宝霆来说也是一次刻骨铭心的经历。

前线慰问解放军

4.前赴后继,前线慰问解放军

　　大哥常宝堃牺牲后,常宝霆兄弟几个都纷纷报名参加赴朝慰问团,1953年四弟常宝华被批准参加了第三批慰问团。1956年春节临近,常宝霆被批准参加第四批赴朝慰问团,2月,他与天津市曲艺工作团演员小彩舞、石慧儒、小映霞、王元堂等踏上了赴朝鲜慰问的行程,来到了大哥为之付出生命的地方,慰问那些在枪林弹雨中走过来的志愿军战士,于4月回到祖国。两个月的慰问演出安排得非常紧凑,白天在一个地方演出,晚上坐车再奔另一个地方。在营房、在山洞、在医院、在食堂、在战地,只要有志愿军的地方就是他们演出的舞台。战士们都非常热情,对每一个节目都报以热烈的掌声。常宝霆那年是和志愿军战士一起过的春节。能在每逢佳节倍思亲的时候给亲人们送去欢笑,常宝霆感到非常高兴和欣慰。

1958 年常宝霆又随慰问团赴福建前线慰问，当时解放军炮击金门，分单双日打炮，可对面"敌军"的炮弹完全没有规律，他们只能夜里登船奔赴海岛，常宝霆蹚着潮水抢着替演员们扛道具走在最前面。在大家争着替他扛时，他说这是魔术演员陈亚华的魔术道具，你们不懂，如果弄坏了这个道具会影响演出的。天刚蒙蒙亮，对面的"敌军"发现了他们，就冲他们打炮，他带领演员们毫不畏惧。演出时，每一个节目都非常认真。在慰问完大部队后，他还始终不忘为伤病员、炊事员、坚守哨位的哨兵演出，哪怕只有一个人，也要给他们说段相声或快板。当部队首长向战士们介绍"这就是在朝鲜战场慰问志愿军牺牲的常宝堃烈士的三弟常宝霆"时，许多人围过来抱着他，感动地流下热泪。

# 第三章 殚心竭虑，经典奉献40年

## 一、曲艺团独树一帜的台柱子

曾几何时，不管到哪演出，当报幕员在台上报出"下面由常宝霆、白全福演出"时，台下就是雷鸣般的掌声，二人从侧幕条往台上走，掌声经久不息，鞠躬过后，观众的掌声掀起一个高潮，常宝霆、白全福二人只能频频向观众点头表示谢意，掌声仍是不停，演员都无法张嘴，这时白全福只能抓"现挂"，对台下的观众说："你们还有完没完啊！"这样，观众才在笑声中停止鼓掌，听他们说相声。

1.常年"巡演"和"义演"把笑声传遍祖国大地

观众对他们的这种喜爱和尊崇，一方面源于"常、白"相声艺术水平的高超，舞台上的人缘；另一方面源于他们鞠躬尽瘁为观众服务，长年累月奔波在演出途中，真诚地把笑声送到他们之中。许多观众都深深地感受到了常先生对观众的那份不求回报的爱。

自天津市曲艺工作团 1951 年 9 月成立，直到 1991 年常宝霆离休到天津市艺术咨询委员会，整整四十年，作为曲艺团的台柱子，常宝霆几乎参加了曲艺团所有的大

大小小的商演和义演。每一场演出，他都认真对待，不管
是几万人的大舞台，还是两三个人的小场。地头、田间、建
筑工地、部队营房，哪都有他表演的身影。他身体不好，台
下经常看到他胃疼得受不了，但是上台立刻精神抖擞。从
20世纪50年代到90年代初，他走遍了祖国的山山水水，
常宝霆晚年开玩笑说："我在全国走过的地方，要是编贯
口的话，比《地理图》还长！"四十年中他参加的演出有数
十万场。那时候，在南方一些地区，观众对相声还不是特
别的感兴趣，他们的演出激发了当地观众对相声的热情。
曲艺团的李伯祥老师说，1980年，我和常先生一同到广
州、上海、南京等地巡回演出，当地剧场火爆的艺术效果，
令我震惊！可以这么说，常先生精湛的艺术表演，没有局
限性，是全国粮票！东北的鞍山、大连，山东的青岛等地区
曲艺团体都请常先生去座谈，各地新闻媒体、报纸都给予
报道。

　　常宝霆和白全福是有着非常深厚的相声艺术功底的
名家，他们在启明茶社时，信手拈来就有几十个脱口而出
的段子，而面对新社会的观众，除了少数几段传统活，许多
段子内容已经不符合现实社会的生活了。从他们自身来
讲，仅仅靠过硬的基本功还是远远不够的。

　　常宝霆一直主张常演常新。为了让相声在新的时代富
有新的生命力，他一方面挖掘、改编传统段子，去糟粕、留
精华，另一方面就是要创作新作品，把传统相声的套路加

常宝霆、白全福到基层慰问演出

入现代的内涵。他常讲："得有'货'有'活'，而'活'和'货'的生命就是创新。"那个时候白全福经常问他的也是："宝霆，又'写'了吗？咱得有'货'啊！"

2.新"货"：编创的艰辛之路

总想给观众送上新"货"的常宝霆开始找搞创作的专业人员去请教，并且在与专业创作人员交谈中相互启发，共同合作，开始了根据常、白表演的特点和传统相声研究，编写新相声、创作新作品的探索之路。

20世纪50年代末，常宝霆多次找专业写作人员研究学习，并与王家齐、陈寿逊、苏文茂共同创作了《祖国之花》，与王家齐合作创作了《百花盛开》，与王焚合作创作了《不同风格》。三个作品均由他表演，强烈的舞台效果，激励着他的创作一发不可收拾。60 年代，常宝霆的创作日臻成熟，又与徐德奎共同创作了《水车问题》《向他学习》《美国佬胆战心惊》，与白全福共同创作了《我爱体育》《听广播》《还乡记》，他自己创作了《向技术尖端迈开第一步》《步步登高》《姐妹颂》《儿童乐园》《我爱乒乓球》《爱优点》等，都在舞台上收到非常好的效果。

"文革"期间，常宝霆因受到冲击曾一度停止创作。1971 年开始恢复相声创作后，自《挖宝》一炮打响直到 80 年代末，是常宝霆创作的高峰期，其中《移风易俗》《万无一失》《精益求精》《说一不二》《黄粱梦》《一枝新花》《画鸡》《笑灾乐祸》《身后大事》《爱什么》《道德法庭》《诸葛亮遇险》《语言研究》《恭贺新禧》等作品从内容质量、运用手法、完整程度都达到很高水平，舞台效果非常火爆，许多作品被报纸杂志争相转载，并获得奖项。三十多年中，常宝霆自己创作、与别人合作创作了大大小小五十来段新相声，改编了数十段传统相声。在继承传统的基础上，他大胆革新创作和表演，拓展了相声的受众群体和观众层面，在相声历史的特殊时期坚持用自己的努力给观众带去新鲜的东西。

从旧社会过来的艺人文化水平大都不高，常宝霆这时候非常感谢父亲曾给他们兄弟几个请过三年的私塾先生，让他拥有拿起笔写作的能力。

常宝霆创作的基础还缘于他不断地从生活中汲取营

养。为创作深入生活，常宝霆不辞辛苦，亲力亲为。他常讲："走马观花，到某个地方采访、要材料、要统计数字，是创作不出来富有生命力和时代语言的好作品的。"

他写《水车问题》时，下农村到东郊（现东丽区）四合庄和农民一起下地干活，铲土、抬筐、摇水车，和农民打成一片，后来庄里的老乡常来市里找常宝霆看相声，到家里串门，常宝霆都是热情接待。他们已然拿常宝霆当亲戚走动了。他去东楼邮电局体验生活，每天与邮递员一起骑自行车送信，完成了《万无一失》的创作。他说："如果我不与邮递员一起骑自行车送信，我就发现和描写不了邮递员骑自行车的特点，写不出来他们在骑自行车送信中的苦与乐。"他下煤矿、去水乡、进工厂、到部队，为写出各行各业人的

常宝霆到农村体验生活

生活而深入到他们的生活中。深入生活时他还尽量不给组织和任何人添麻烦，经常自己吃不上、喝不上，这对于有严重胃病的他来讲代价是很大的。

3.新"活"：舞台之上的再创作

每一段作品都需要在表演过程中进行磨合和再创作，比如常宝霆60年代表演的《听广播》，就是他根据50年代的作品融入时代特点重新改编的，当时在舞台上的火爆效果使相声界为之一振。在这段相声中，常宝霆先后学唱评戏、京剧、河北梆子、京韵大鼓，亮点是他邀请了曲艺团的乐队高手刘文友、钟吉瑞、李元通、李默生辅以板胡、京胡等乐器伴奏，使他各种门类的学唱达到专业水准。这种别开生面地加入乐队伴奏，没有找"噱头"的感觉且毫不硬山隔岭。学唱当中的插科打诨妙趣横生，同时常宝霆还运用口技模仿收音机换台、唱片跑针等，真的是才华横溢，出类拔萃，使观众大饱耳福和眼福！1986年常宝霆的长子常贵德从京剧团调入天津市曲艺团。贵德唱京剧小生出身，嗓子好，想说这段听说相声，常宝霆又和贵德反复改编、实践，根据贵德的特点和80年代的社会风情，将《听广播》改编成《学广播》，一个"听"、一个"学"，描述改变，内容也翻新，效果甚佳。

常宝霆在表演上利用自己扎实的传统相声基础，大胆地革新创作，拓展了相声的受众群体和观众层面。最难得的是他的学唱功夫最为了得，尤其是他表演的《不同风格》

堪称经典，其中学唱京韵大鼓刘派、白派、骆派，连骆玉笙都说："宝霆学得真像!"尤其是学白派，他学的是白派创始人白云鹏，一段《探晴雯》唱完，掌声雷动，老观众大呼过瘾，完全是老白派的腔调，原始质朴，与阎秋霞改革后的腔调有很大区别。白云鹏先生1952年就去世了，舞台上已经听不到真正的白云鹏了，所以，有的观众专程来欣赏常宝霆这段近似于白老原汁原味的《探晴雯》。而学唱京剧他亦为拿手，常宝霆曾这样描述过："这些京剧大师都是我非常喜欢的，我反复地去掌握他们的不同，如程砚秋的唱幽然婉转、若断若离，而荀慧生则轻盈、俏趣;马连良善用鼻音，韵味饱满、委婉洒脱;周信芳的嗓子有些微哑，苍劲浑厚;谭富英的唱应该是明快舒畅。"他在不同的时期转换着学唱各位京剧大师，嗓音、特点模仿得非常准确。还有学评剧演员刘翠霞、白玉霜的唱也都惟妙惟肖。《杂学唱》《山东二黄》是相声演员人人都会的节目，有很多老先生都表演过，相比之下，常宝霆的版本是最经典的，是让唱山东二黄的演员都佩服的。他对多种艺术形式和流派唱腔的掌握，展示了他卓越的艺术天赋和在追求艺术完美中所下的功夫。无论在任何时期，流行任何形式，他的学唱都是相声作品中难得的艺术精品。

《学电台》是当年常宝霆的拿手节目。他在学广播中的骆驼牌爱尔染色广告时，声音几乎可以乱真，最后抖"包袱儿"。如:"骆驼牌爱尔染色，一袋可染白布五尺、毛线半磅,黑的特别黑,蓝的特别蓝。您洗脸的时候,放上一点点……"捧哏:"怎么样?"回答:"窦尔敦!"

他的说、学、逗也均有很高的水平,而搭档白全福是其完美展示技艺所不可或缺的。如传统相声《卖布头》《大审》《福寿全》《珍珠衫》《拉洋片》《闹公堂》等,新相声《一枝新花》《诸葛亮遇险》《道德法庭》《语言的研究》《笑灾乐祸》等,这些名段,常宝霆、白全福使得堪称经典。尤其是《大审》,像是给常、白组合定制的,其艺术处理无人可比,实为范本。

常宝霆和搭档白全福的相声走到哪"火"到哪,直到他们离开舞台,从没有低潮。

## 二、"常氏相声专场"的顶梁柱

在相声史上,以家庭为单位举办过数次专场演出的,可能只有常家。而这些专场的背后是常宝霆和家人几十年心血的付出。

1961年,是"小蘑菇"常宝堃牺牲十周年。这十年中,常宝霆的二哥常宝霖携全家支持西部文艺繁荣去了甘肃省曲艺团,四弟常宝华和大哥的长子常贵田当兵去了海政文工团,二哥的儿子常贵升当兵去了济南军区文工团,两个小弟弟宝庆和宝丰进入了天津市曲艺团学员队。他和父亲常连安则一直留在天津市曲艺团。让父亲常连安聊以安慰的是,常家传承之下的从事相声表演的每一个人,都在党和政府、军队的领导下对相声艺术报以极大的热情和创新、求精的态度，积极为广大观众服务。同时儿女们得到的待遇、名誉和保障是他年轻时想都不敢想的。

十年来，常宝霆从 22 岁走到 32 岁，他心里几乎没有一天不在思念自己的大哥常宝堃。"这件事如果大哥在，他会怎么做？""这块活如果大哥在会怎么使？"面对种种问题他都会想起那似乎无所不能的大哥。

这十年，常宝霆代替大哥常宝堃在帮父亲扛起"常氏相声"的大旗，他觉得他所做的一切是对相声的发展，是对常派相声的传承，是对父亲的期望和对大哥的告慰，是他义不容辞的责任！

十年中，常宝霆以大哥为做人、作艺的榜样，沉淀下来重新去认识大哥常宝堃在相声发展史上所做的贡献，为创立、形成常氏相声流派所做的努力，以及对后人产生的深远影响。而以常氏相声十年来取得的成绩，组织专场演出以祭奠为国捐躯的大哥常宝堃，是常宝霆沉甸甸的心愿。当时正值天津市文化局代表市政府为纪念烈士常宝堃逝世十周年拟主办"常氏相声专场"，这正遂了常宝霆的心愿。他和父亲积极协助文化局联络在各地的家人和相关人员的单位。

1.被誉为"相声世家"

1961 年初冬，常氏一家祖孙三代汇集天津音乐厅，拉开了"常氏相声专场"的序幕。

　　远在兰州的常宝霖偕伙伴全常保来津演出了《戏魔》《洋药方》《报菜名》；来自海政文工团的常宝华和李洪基合演了《昨天》《水兵破迷信》《买卖话》，又为侄儿常贵田捧了《黄鹤楼》《一封信》等；苏文茂和赵佩茹合演了《五红图》；"攒底"由常宝霆、白全福合演《不同的风格》《百花盛开》和《梦中婚》。父亲常连安在中场演出单口相声《当行论》《空城计》《黄半仙》。担任报幕的是从济南军区文工团赶来的五妹常宝珊。除了常家的人，还有给常宝霆捧哏的白全福和常宝堃的弟子苏文茂，他们也给专场演出增色不少。专场演出中让观众津津乐道的是一场三人相声《老少对》。逗哏的是一个只有13岁的孩子，他天真活泼，出口成章；捧哏的是位60岁开外的老者，稳稳当当，从容不迫；负责"腻

相声世家

缝儿"的是个不到 20 岁的青年人,言辞犀利,左右逢源。整个一段相声说完,获得五六次满堂彩。老者是谁? 常连安;青年是谁? 孙子常贵升;孩子是谁? 儿子常宝丰。人们在欣赏精湛相声艺术的同时悉数着常家说相声的人数。一连演出四场,场场座无虚席。不但天津的媒体作了报道,就是新华社也为该专场发了消息,《人民日报》称"常氏"为"相声世家",并刊登了多幅演出剧照。演出现场常家人还收到了天津市文化局代表天津市人民政府及宣传部门赠予常氏家族的一块书有"相声世家"的牌匾,令父亲常连安和一家人非常感动。

1981 年,在天津市纪念常宝堃和程树堂烈士牺牲三十周年的系列纪念活动中,常宝霆张罗着常氏相声专场。还是原班人马,只是少了父亲常连安……聊以慰藉的是父亲的高徒高元钧参加了活动。还是常氏相声传人的汇聚;还是白全福、苏文茂像家人一样的参与;还是相声同人的相助;还是那样火爆的效果和满堂的掌声。那年,常宝霆为了酬劳大家,特意让女婿从塘沽买了两大筐一斤多一个的大海螃蟹和天津名吃"狗不理包子",把演员们都请到家里热闹了一番。

在那次活动中,常宝霆和兄弟们还协助天津市曲艺家协会编辑出版了《常宝堃相声选》,由时任中国曲艺家协会主席陶钝作序,百花文艺出版社出版,以此纪念常宝堃牺牲三十周年。

1984 年，天津市举办了"迎国庆文艺晚会"，其中有段相声，名为《爷爷和孙子》，是常宝霆、常宝华、常贵田创作的，表演者有常宝霆、常宝华、6 岁的常悦（常贵田的儿子）、7 岁的朱江（常宝霆的外孙），又是一场"三世同堂"。

1986 年中央电视台录制"常派相声"专场，57 岁的常宝霆依然神采奕奕，还是整场的核心；62 岁的常宝霖稳当持重，协力坐镇；四弟常宝华斯文诙谐，点子频出。专场除了每个人献上了自己的代表作品外，常宝霖、常宝霆、常宝华、常宝丰和常贵田、常贵德六位常家相声精英，偕常宝堃的大徒弟苏文茂轮番登场表演的相声《酒令》也彰显了常派喧而不闹、爆而不燥、注意刻画人物、善于搅动全场的特点。围绕着让苏文茂喝酒，常宝霆张扬霸气，常宝华犀利狡诈，常宝丰假装清隽，常宝霖老辣逼人；贵田卖聪敏，贵德装憨厚，弄得苏文茂摇头叹道："我掉你们常家阵里了！"

### 2.留在心中的痛

1991 年初，因肺气肿引起支气管大出血的常宝霆大病初愈，心里一直惦念着与天津市委宣传部、市文化局、天津市曲协、天津市曲艺团协商拟联合举办"常宝堃烈士逝世四十周年纪念演出"的事情，这次纪念活动常宝霆提出要以"常氏相声专场"在河北省和天津地区慰问部队义演数场。此时远在数千公里外的兰州市，将近 70 岁的二哥常宝霖因身体不适不能前来了。面对操持此次活动的羸弱的常宝霆和耳朵带着助听器的他的搭档白全福,面对全国的演员们都在忙着"走穴"挣钱,常氏不合潮流的"义演"搞还是不搞,常家的人意见不一。

大哥常宝堃的英年早逝,一直是常宝霆心头的痛,20岁前的"三蘑菇"除了父母,从生活到精神,尤其是艺术方面的各种营养,给予他最多的就是大哥。"小蘑菇"这个家喻户晓的艺名让相声艺术走入更多人的生活,他所形成的常氏流派相声一直庇荫着常家后代。步入老年后,常宝霆再回忆起大哥,许多场景反而变得更加清晰。大哥亲切、耐心地给他说"活"时的脸庞;似乎有使不完的能耐又无比谦虚好学的身影;那并不强壮却让人倍感坚实可靠的肩膀;那侠肝义胆的气节和无比热爱新生活的人民艺术家的种种。

当初听到大哥没了这个消息时曾痛哭了无数天,多少年后想起大哥时,心里还会抽痛。转眼四十年了,也可能这是自己最后一次还有能力给大哥搞纪念活动了!况且这也是对四十年没有再嫁的老嫂子桑秀茹的一种致敬吧!想到这,常宝霆打起了十二分精神,果断地决定,一切按计划进行。常宝霆、白全福、常宝华、常贵田、常贵德、王佩元、苏文茂等人,从4月中旬到下旬的十几天中,在河北廊坊等地、天津各个驻津部队进行了数场义务演出,每到一地,都受到广大官兵的热烈欢迎。马三立、马志存也参加了演出。常宝霆的女儿常贵芹担负了这次义演的报幕和照顾父亲的任务。

4 月 23 日，在中国大戏院最后一场演出结束后，几十天来身体上的透支和精神上的压力使常宝霆病倒了！在这经济浪潮冲击的年代，他最后一次扛起"常氏相声"的大旗，以"常氏相声专场"的名义给为国捐躯的烈士、为相声尽瘁的精英、为"常派相声"流芳呕心沥血的大哥常宝堃的纪念活动搞"义演"，他尽力了！在他心里，为了父亲常连安及他所爱的常氏家人，这一切都是值得的！

### 三、别样出演

1.接受周总理的"大考"

1962 年，常宝霆当选为全国青年联合会委员，并出席全国青联第二次代表会。在这次会议上，他接受了一次周恩来总理的考试。这次考试又一次显露出常宝霆的艺术才华和扎实基本功，并在业内获得诸多赞许和羡慕。

全国青联第二次代表大会在北京隆重召开，来自祖国各地的青年才俊代表全国青年出席会议，常宝霆作为文艺界的青年代表，朝气蓬勃、意气风发地出席会议，周恩来总理非常高兴地接见全国青联的代表，并愉快地应邀出席全国青联委员的联欢晚会。在联欢晚会即将开始的时候，他见到常宝霆、马季，还有唱山歌的傅锦华，当时电影《刘三姐》轰动全国，其中的山歌家喻户晓，扮演刘三姐的就是被誉为"山歌皇后"的傅锦华。周总理这时灵机一动,给他们出了一道考题。总理说:"傅锦华是歌唱节目的冠军,你们二人是相声表演的冠军,冠军之间就该来一场比拼!怎么样?"

这可是一道严峻的试题。因为1961年由著名导演苏里执导的《刘三姐》,是我国第一部风光音乐故事片。电影放映后,在全国范围内刮起了山歌热潮,聪明美丽的壮族歌仙刘三姐用山歌反抗财主莫怀仁的故事深入人心、家喻户晓,街头巷尾人人都能哼哼几句主题曲。相声演员要和傅锦华对唱,这个难题可真是不小。甭说不懂不会,就是哪句唱得味道不够、晃腔走板那可是栽了面啦!而且,山歌是对唱,是劳动人民在田野间耕作或自娱自乐时即兴演唱的歌曲,内容包罗万象,节奏自由、曲调爽朗、情感质朴,是人们劳作时离不开的一种消遣方式。表达的情感自由,随生活而抑扬,随情绪而转和,你能唱出斗转星移,我就能对四时轮回。怎么办?这可是大考。具有丰富舞台实践经验和扎实艺术功底的常宝霆与马季一嘀咕,路数就有了。常宝霆、马季与傅锦华上台了,一场相声与山歌的较量开始了。

常宝霆和马季先用"金童与玉女"比喻他们仁人,抓了一个"开门包袱儿",然后挑战傅锦华。他们先从气势上占了上风。别看傅锦华抖"包袱儿"不行,只能在常宝霆和马季的"现挂"以及大家的笑声中憨笑。但一唱起歌来那可是掌声如雷、轰动全场。就听傅锦华唱道:

什么结籽高又高？

什么结籽半中腰？

什么结籽成双对？

什么结籽棒棒敲？

常宝霆脑子快，他随机应变，对道："我爱人的个头高又高哎，"

马季和常宝霆合唱："哎高又高，"

常宝霆接着："我孩子到我那半中腰哎，"

马季和常宝霆合唱："哎半中腰哎！"

常宝霆唱："我们夫妻成双对哎！"

马季和常宝霆合唱："成双对哎！"

常宝霆唱："我不听话她棒棒敲哟，哎棒棒敲。"

最后这三个字，机警的马季和常宝霆两人唱完一使相儿，把在场的周总理逗得前仰后合，全场掌声雷动。

常宝霆、马季、傅锦华下场后，总理握着常宝霆的手，亲切地说："你叫常宝霆，是常宝堃烈士的弟弟。你们一家有不少相声演员……"

以后，常宝霆又三次进中南海，为毛泽东、刘少奇、朱德、周恩来等中央领导同志演出。

常宝霆、马季、傅锦华即兴创编的《刘三姐对歌》轰动一时。马季在 1963 年创作的对口相声《打电话》也插进了《刘三姐》中的歌曲，后来马季又和姜昆重新编排了这段相声，在 1983 年的春节晚会上两人与李谷一、袁世海一起为全国观众送去了欢乐的笑声。

在那天演出之后,文艺界及许多歌唱演员不仅赞赏常宝霆舞台上的机智,更惊讶他的演唱,唱出了山歌的味道,声音甜美婉转又带有山歌的山野特色,唱出了山歌的灵动和鲜活。

2.应"新桥"会繁荣文艺集"名家"演最早春晚

1962 年 1 月 20 日,农历腊月十五,大寒。一台被后人誉为春晚雏形的"笑的晚会"马上要直播了!

位于北京广播大楼东 4 楼的北京电视台(中央电视台前身)一楼的 600 平方米大播送室,被布置成了"茶座式"。二楼导演室里,晚会导演王扶林通过耳麦忙着与摄像师、灯光师等沟通。各部门准备就绪。

八点整,王扶林一声令下:开始!

"笑的晚会"现场

118

一把折扇出现在镜头前，上书四个大字：笑的晚会。

"笑的晚会"肇始于 1961 年 6 月周恩来总理在北京主持召开的"新侨会议"，常宝霆也应邀参加了这次在文艺界激起巨大波澜的"新侨会议"。在此次著名的会议上，周总理倡导"双百"方针和文艺民主，会议号召文艺界打破因自然灾害带来的沉寂，给百姓送去欢笑。

让百姓笑，导演组觉得还得以相声为主，当时的中国相声界，最有名的就是京、津两地的相声演员，经过沟通，京、津两地相声演员实现了第一次在电视上的合作。

导演将节目按照青年在前、资深人士在后的顺序做了编排，京、津两地节目穿插进行，以常宝霆为主的唯一的群口相声作为压轴节目。

那时正值国家困难时期，由于经费原因，对从天津赶来的相声演员没有任何接待，甚至连住宿都没有安排。

第一次录这种直播的电视节目，常宝霆觉得很新鲜。彩排时，当他们进入"大播"室时看见观众席上搬进了七八张大圆桌。他们被安排坐在观众席的圆桌周围，演员和观众坐在一起，演员站起来就能表演，坐下就是观众。常宝霆和现场组织人员聊天时听说，这种新颖的晚会摆放形式是从国外学过来的，这叫演员和观众之间"没有第四堵墙"的方式。

以前固定在舞台前的摄像机，现在被架在了圆桌间的空地上。另有几台摄像机，身后拖着长长的电缆，在观众席间游走自如,既跟拍节目,又把观众的反应全部摄入。

彩排的时候,电缆在地上滑来滑去,每个人都小心翼翼地行走,以免被绊倒。

常宝霆不知道,那时候 20 岁的赵忠祥刚进台不久,是播音组的第一个男播音员,彩排和直播他都在现场。多年后赵忠祥说,这是第一台改变了以舞台为中心的传统形式的晚会。这一"没有第四堵墙"的形式,被 1983 年的首届春晚继承了。"现在几乎没有人知道春晚是怎么来的,实际上就是隔了中间这 20 年的时空。"赵忠祥肯定地告诉《中国新闻周刊》记者。

马季和郭全宝的相声《笑一笑》、谢添的小品《变脸》、侯宝林和郭启儒的相声《四大须生》等多个节目依次进行。晚会的压台戏是以常宝霆为首,天津的朱相臣、北京的郭全宝等表演的群口相声《诸葛亮请客》。失街亭的诸葛亮命令众将士出战,将士们不肯,要求诸葛亮请客。正无计可施,一名将士姗姗来迟,他还没吃饭,手里提着一包高级点心。诸葛亮想尽办法借花献佛,给每位将士分到一块点心后,满意而去。饿着肚子的迟到者反而手中一块都没有了,一脸的懵懂和无可奈何。常宝霆他们几位名家把内容、角色熟悉了两遍,直播时严丝合缝,包袱儿不断,现场笑声满棚。

晚会大获成功。据统计,观众之多,仅次于 1961 年 4 月 9 日第 26 届世界乒乓球锦标赛的决赛转播。那次比赛中，中国男子乒乓球队首次夺得世界团体冠军。而常宝霆他们这台春晚雏形的"笑的晚会"也给百姓送去了欢笑。

3.赴美

1987年7月，应美国美华艺术中心和国际娱乐公司邀请，由常宝霆领衔并率领大陆演员到美国的纽约、旧金山、洛杉矶等地进行演出。全团的演员有常宝霆、白全福、常宝华、常贵田、魏喜奎、梁厚民以及尚派京剧演员孙明珠，侯宝林在台湾的弟子、相声演员吴兆南也应邀参加，在美国引起了强烈反响。美国的《世界日报》《华侨日报》《联合日报》等各种媒体的宣传铺天盖地，有的报纸用通栏标题写道"三通未通、相声己通、大陆和台湾的相声演员合作演出"，称此次大陆和台湾相声演员的合作演出开启了两岸三通的破冰之旅，意义非其他赴美演出可比。美国媒体将每个演员的特点、风格、造诣进行了详细介绍，并突出宣传领衔的常宝霆与白全福的从艺生涯、师承以及合作四十四年的难得一见。

25号至27号，在纽约的华府和法拉盛演出了四场相声大会，继而转道旧金山、洛杉矶。

这次演出还遇到好几个启明茶社的老观众，他们是特意来看"三蘑菇"和"四蘑菇"的。

常宝霆和白全福担任每场晚会的"攒底"，演出了他们的传统节目《卖布头》《改行》和新编节目《挖宝》。同时，常宝霆、常宝华还与台湾演员吴兆南合作演出了三人相声《一字一将、一升一降》。演出之后报纸上称此次演出"海峡两岸精英荟萃",并评价常宝霆和白全福的表演"道尽华夏语言之美,观众开怀大笑,直呼过瘾"。有的报纸还说常宝霆与白全福的演出,"获得满堂彩,均极自然。充分表达了相声最高意境,观众一饱耳福"。在这次演出中,常宝霆还一展自己的传统功力,在表演《挖宝》时由他逗哏,大段"贯口"一气呵成,令业内外叫绝。尤其是令常宝霆感到特别欣慰的是他在美国的女儿常贵菊应邀主持晚会。常贵菊曾在美国好莱坞拍摄电影《喜福会》,并经常与迪士尼和百老汇合作演出魔术,此外还出版儿童文学作品,曾受到美国总统克林顿的接见。

但是,美国之行也有不愉快的事,提起来特别可乐。

他们在进美国海关的时候,受到一些刁难。当时他们很多人没出过国,也缺乏常识。

这次在美国过海关,67 岁的白全福生了气,他看不惯。常宝霆一路照顾他,形影不离。但进关安检只能一个人一个人地通过,白全福事事离不开常宝霆,他跟海关安检人员一指常宝霆,说:"他照顾我。"人家不允许,他就更生气了。然后他看到安检人员把唱快板的演员梁厚民拦下了,安检员说他随身的包里有金属器物,原来在他随身携带的包里,除了有竹板之外还有一副唱山东快书的鸳鸯板,是为了在美国教学用的。说:"嗨!什么金属器物?这是我的鸳鸯板，唱山东快书用的板。"安检员说："不懂，打开！"打开包以后，要把鸳鸯板扣下，怀疑是练武术用的"飞镖"。太可笑了，但扣了就没法演出了，梁厚民怎么解释呢？干脆把板拿出来，给安检员唱了一段山东快书："当哩个当，当哩个当……"安检员一看，是乐器，明白了，这才放行。去过三次美国演出的常贵田说："别提了，我们上次来，有一位木偶演员也被拦住了，说：'你不能走！''啊？我怎么不能走？''你包里头有孩子！''有孩子……嗨！这是我们的木偶，耍的木偶！''不行，拿出来看看！'打开包一看，外形上像孩子。他们不懂是什么东西。这个演员又给耍了一通木偶，这一耍，'哦!行,过去吧！'"白全福在旁边还生着气呢，心想："这是什么事啊？"轮到他过安检了，他有一个习惯，说话点头哈腰，跟谁都特别热情。但他一生气，点头哈腰时脸上不太自然，说："你好！你好！"美国人的思维不一样，他们一看白全福这么客气，认为他心里有鬼，对他详细检查。拿金属探测仪一通扫，行李箱没问题，又检查身上，没想到这一检查，还真查出毛病了，探测仪"吱吱"地响，这一响，人家说："你把衣服脱了！""还得把衣服脱了？"检查不出来哪儿响，摸哪儿也没问题，脱吧。白全福一件一件脱，金属探测仪还响！在他后面的常宝霆大声说："哎哟！三哥，您装什么了？""什么也没装！我这都快脱光了！还不行！"

最后检查出来了，原来白全福腰上扎了个腰硬子，也

123

叫板儿带。这腰硬子里有金属丝,是这个东西响。这下把白全福气坏了!心里说:"你们这么折腾老头儿,我这么大岁数了,脱成这样?得!这回呀!我也给你们使场'活'吧!"白全福坐那假装"弹弦子"(半身不遂):"受不了啦……我……"把美国人吓坏了,过来几个美国姑娘给他穿衣裳。他还假装穿衣服挺费劲,人家给他穿好裤子,给他提鞋,都给他穿好了,他"砸"了一"挂",告诉常宝霆:"看见了吗?咱让'色糖果儿'(外国姑娘)服侍了一回!"把大伙逗得捂着肚子乐。

到了美国第一天住宿,白全福又急了。主办方安排他们住华人街上的一个旅店,头一天晚上到的时候天黑,累了,进屋都睡觉了。第二天,他起得早,想出旅店看看美国是什么样儿。出去一看,马路上都是中国人,所有的门脸儿店铺写的都是中国字,服务员也是中国人。他生气了,回到旅馆就喊:"宝霆!宝霆!咱让人'合'了(即骗了),咱坐了十几个小时飞机,受这么大累,这是到哪来了?"这时大伙都围上来了,说:"美国啊!""不对!谁说是美国我跟谁急,想骗我老头儿,外边满马路都是中国人。"把大伙乐得都说不出话啦!

4.再次触电为了"笑"

为了丰富群众的文化生活,1979 年中央新闻纪录电影制片厂拍摄出品了一部彩色相声纪录片《笑》。影片云集了当时中国最著名的相声演员和相声作品。常宝霆与段永祥合作创作的《一枝新花》参加拍摄。《一枝新花》是新颖的科技题材，虽然没能显示出常宝霆最擅长的艺术特征，但在那个文化断层、科技断层的时代，常宝霆、白全福精湛的表演常给人们的欢笑，无疑是具有特殊的时代意义。

1987年常宝霆再次受邀参加由上海电影制片厂拍摄的喜剧影片《回来吧，微笑》，影片中常宝霆饰演一个50岁左右的玩具厂主任管仁，一个由于受"左"的路线长期影响，已不懂得笑、只会板着脸说套话的人，在某市正在开展"微笑运动"的学习班里学习微笑时和其他练习微笑的人员之间发生了一系列笑话。最后这个不会笑的瘦主任没能毕业，和另一位胖经理留下继续学习，这一胖一瘦两个角色给影片增加了许多的笑料。

5.艰苦一线送欢乐

常宝霆心怀人民群众，多年中，不断地深入工厂、农村、部队、边远山区、油田钻井平台、煤矿井下作业、海军舰艇，哪里有需要哪就有常宝霆先生参加劳动和演出的身影。20世纪60年代深入到抗洪抢险救灾第一线，70年代出现在引滦入津工程工地，80年代赴老山前线……很多地方留下了他慰问演出的足迹。尤其是去老山前线慰问演出时，五十多岁的常宝霆身体瘦弱，仍然坚持到最危险的猫耳洞为战士们演出。有一次，在钻猫耳洞时把手划伤了，当小战士心疼地为他包扎时，他还"砸挂"："几次赴前线慰问都没事，这次终于流血了……"和他同行的长子常贵德说："自己作为一名相声演员,深受父亲影响。他从旧社会走来,但他是个新社会的演员,表演的作品和风格并不陈旧。他无论做人还是演出,都认认真真,本本分分。他常说自己不光是艺人,更是一名共产党员,只要国家有需要,再艰苦、再危险的地方也责无旁贷。那年我和他一起去老山前线慰问演出,记得当时是春节期间,还能听到炮火的声音,一见到战士们,哪怕只有两三个人,他也会说上一段,给战士们带来欢乐和鼓舞,而他自己的嗓子都说哑了。我们那年是在猫耳洞和战士们一起吃饺子过的大年三十。"

原天津市曲艺团团长徐秀林回忆,他1985年在兰州军区部队时正值常宝霆老师率天津市曲艺团在兰州市几千人的大体育馆进行商业演出,场场爆满。当常先生听说兰州军区马上要到云南前线时,他主动提出要慰问参战部队,不要报酬。转天下午就加演了一场。徐秀林说:"虽然常先生当天说的哪段记不清了,可返了好几次场和现场指战员热烈的气氛至今难忘!因此兰州军区向天津市曲艺团赠送了锦旗。"

## 四、起死回生

### 1.受冲击

"文革"之初,天津市曲艺团那些老艺术家们还是可以改造的对象时,常宝霆他们被告知,相声不能说了,要编排

126

符合革命需求的节目。当时有一条规定：所有的晚会，无论多大岁数和干什么的演员，一开场都得上台跳"忠字舞"。常宝霆与马三立、骆玉笙、赵佩茹、小岚云、李润杰等人也必须上台一起跳，否则就是不"忠"。这些人除常宝霆年轻点，其他人已经都五十多岁了，胳膊腿儿不灵活，骆玉笙又是高度近视眼，摘了眼镜站那唱大鼓行，让她在台上手舞足蹈，她什么也看不见啊。这马三立瘦骨嶙峋，小岚云患有严重的风湿性关节炎，这些人一起跳舞，高矮胖瘦，又没接受过训练，简直乱了套了，后来被批为"群魔乱舞"。

团里安排的节目是让张志宽与马志明说对口词《小小针线包》，让老艺术家演三句半，常宝霆腰里绑个鼓，敲鼓说头一句，赵佩茹敲大锣说第二句，马三立敲镲说第三句，骆玉笙敲小锣，说最后的半句。别看这些老艺术家都能耐大，练这一本正经的三句半他们可费劲了，三个说相声的表演没了逗笑，唱大鼓的骆玉笙丈二和尚，虽然三句半的词写得很严肃、很"革命"，可团里其他演员看着他们排练就想乐，又不敢乐。好不容易排好了，上面"领导"一审查，"没通过！"说这四位太缺乏工农兵形象。

一时间，他们这些从艺半辈子的人感到困惑，不知所措。随之而来的是全国一批批艺人进"牛棚"。在家里时常听到街上传来敲锣打鼓的声音，隐隐地有人在呼喊口号，孩子们的学校突然停了课，女儿回家说不敢出去了，外边正追着剪辫子呢！一些街道就像是狂欢节，一些人痛痛快快砸烂一切，墙壁上贴着铺天盖地的画着红十叉的大字报，隔壁被抄家的资本家门口传来令人心惊的稀里哗啦的响声……愈演愈烈的喧嚣让常宝霆还没有来得及去认真思考，而被相声界公认为德高望重的刚刚故去的父亲常连安被说成剥削艺人的"班主""曲霸"。随之而来的是，在海政文工团的弟弟常宝华、在福州军区文工的弟弟常宝庆、在广州军区文工团的弟弟常宝丰都因"家庭问题"遭处理。四弟常宝华被处理到天津机床厂当搬运工，宝庆、宝丰复员进了工厂当工人。与常家关系密切的北方魔术大师代表人物陈亚南不忍屈辱跳河自尽了！让常宝霆最为震惊的是曾经带着他们编排新相声的文学家老舍先生也自杀了……他的心情太压抑了，而坏消息也到了自己的身边——马三立、骆玉笙、王凤山进"牛棚"了！

常宝霆回家和夫人说："马三爷、骆老他们都是和我一样从旧社会走出来的，我了解他们，都和我一样热爱社会主义、热爱党、热爱毛主席。希望他们赶紧弄明白这是冤枉的！"

2.蹲牛棚

一天下午，灾难性的消息也传到了常宝霆家。几个穿制服的人来到家里，和常先生的夫人说："我们来通知，常宝霆留团交代问题，暂时不能回家了，你们知道什么问题也可以向组织揭发。"当时常夫人正在做饭，一听这话就懵了。问："什么问题呢？""我们只管通知！"家里人害怕的事情来了，常宝霆进"牛棚"了！于是一家人围在一起哭，子女们为了弄清情况，偷偷地到曲艺团去看大字报，看完后全家在一起研究分析，说"可能问题不大"，大字报主要说他是"三名、三高、刘少奇资本主义文艺黑线人物"。孩子们没弄明白什么叫"三名、三高"，好像因为是名人、名演员，还拿着属于高级知识分子的高工资。可这刘少奇和父亲应该不沾边，父亲就见过周总理呀！还有大字报批他创作的相声《水车问题》是为苏修歌功颂德。说这段相声中，围绕着寻找是谁修好了抗旱需要的水车而产生一些笑话，而寻找的人中有一个姓苏的大爷，"你常宝霆，张、王、李、赵都不找，为什么就偏找个姓'苏'的、就是变相歌颂'苏修好'！"看了之后连孩子们都觉得这也太牵强了吧！接着就是批他上演的《八扇屏》等"封资修"的节目。这段旧相声，当乙以某种人自比时，甲总是傲慢地说："你也配。"并搬出古人大加赞扬，逼着乙承认："那我可比不了。"由此，批判常宝霆是通过"比"与"比不了"，颂古非今，宣扬今不如昔、复古倒退的反动观点。"是笑里藏刀！"看了这些啼笑皆非的批判，全家人心里有说不出的滋味，父亲全身心地工作就是因为他热爱新社会、追求进步，他这样的人都蹲"牛棚"，真的让人理解不了。

3 个多月过去了，家里唯一得到的消息就是常宝霆被降了一半的工资，一家老小的生活遇到了困难。每个月一发工资，常宝霆的夫人先把给双方老人的钱留出来，因为那时常宝霆的父亲刚刚去世，母亲还在悲痛中，宝霆蹲"牛棚"的事情没有告诉她。孩子们的姥姥、姥爷年龄大了，没有收入，也不能苦了他们。家里所剩无几了，常先生的夫人就把每月邻居要来收的水钱、电钱留出来，否则人家来收时，没有可就麻烦了。吃饭钱不够，就卖家里的东西。常宝霆"文革"时期降了四五年的工资，夫人几乎卖光了家里所有值钱的东西，比如从结婚就跟着他们的大铜床，粗大坚实的纯黄铜床架子，愣让她每月拆下几根送去废品收购站，换回几天的饭钱。常宝霆当初兴致勃勃抱回家的、让邻居们都喜欢来乘凉的德国电风扇，作为资本主义的东西卖掉了。最让她心疼的就是结婚时常宝霆送给她的那枚蓝宝石戒指和娘家当时陪嫁的几块小金锭子，也都到滨江道上的"委托公司"（公私合营前的典当行）陆续地换成了生活费。换回钱最多的就是常宝霆年轻时买的那块让年轻的相声同人们都羡慕的劳力士手表，那时杨少华总惦记着借走戴戴（后来到他们晚年聊天时，杨少华还在提那块表，很是惋惜）。可当下这些东西是真正的身外之物，放在家里没有任何用处，能换来吃饭钱是最实际的了。

生活上的困难并没有给一家人带来太多的困惑，最使一家人揪心的是不知道常宝霆的情况。常宝霆有严重的胃病，常年出外演出，每天都胃疼，身体瘦弱。更可怕的是，社会上时不时传来消息：听说谁谁腿被打折了，谁谁"畏罪自杀"了。常夫人和孩子们吃不下、睡不着，最担心的就是怕他想不开。好在家里还算平静，没有人来抄家，孩子们因为父亲蹲"牛棚"没人出去串联，都乖乖待在家里看书。

一天，大女儿带来一个消息："明天在中国大戏院批斗厉慧良，文化系统的所有'牛鬼蛇神'都陪斗，听说曲艺团我爸爸、马三立、骆玉笙等人都会来接受教育，我们想混进去看爸爸。"常夫人听后满脸泪水地点头同意了。

第二天，三个女儿——贵荣、贵芬、贵芹，偷偷地溜进了中国大戏院，她们混在前几排看批斗的观众里，台上挨斗的厉慧良胸前挂个大牌子，台上其他几个陪斗的里没有爸爸，是谁她们也顾不上看，六只眼睛满场寻找父亲的身影。被安排在观众席里接受教育的常宝霆倒是先惊讶地发现了自己的女儿，因为不允许说话，他便挺直了腰板尽量让自己高一些，朝着三个女儿方向伸着脖子望。"在那儿！看见了"！三个女儿相互低声呼叫！当看到穿着一件黑色制服棉袄、戴一顶黑色棉帽子、又黑又瘦的父亲时，三个女儿手牵着手泪流满面。常宝霆故意露出微笑，挺挺胸脯，微微地向她们点了点头，意思是我很好，放心！看到父亲没有垮，姐儿三个满脸泪水的脸上露出了笑容。直到父亲被集体组织退场，姐儿仨才飞一般地回家给妈妈送信儿去了。后来她们还打听到，因为父亲人缘好，没挨打。有时候胃疼得厉害，学员们还偷偷地给他买饼干、面包。而蹲"牛棚"、作检查时的常宝霆也让人们忍俊不禁，他就像做报

131

告,又像给学员们上台词课,声音洪亮有底气,怎么看都不像"牛鬼蛇神"! 在所谓的深刻检查中他没有说违心话,更没有揭发马三立、骆玉笙、王凤山等其他人。

3.拉大幕

经审查,常宝霆不够"牛鬼蛇神反革命",被从"牛棚"中放出来了。但随之而来的,是天津市曲艺团和杂技团合并。当时相声不能说了,像马三立、苏文茂等许多老艺术家都被下放到农村。常宝霆因是烈士常宝堃的弟弟,身体又有病,便被留下来拉大幕。有一次,他拉布景,因吊着的布景太沉,那时根本没有电动幕一说,全凭人拉幕。他瘦弱体重轻,不但布景没拉下来,反而让布景给吊上去了! 他又不敢松手,大声喊:"快! 来人! 拽我腿……"

那时候曲艺杂技团演出节目得突出政治,鼓曲演员纷纷为毛主席诗词谱曲,杂技也得加上政治内容,比如,杂技《顶碗》改成《吃忆苦饭,痛说家史》,后台伴唱"天上布满星,月儿亮晶晶,生产队里开大会,诉苦把冤伸……"然后上来一个大妈举着一个破碗,做几个"拄拐杖要饭"的动作,再把碗交给演员顶。集体杂技让登到最顶上的演员打开一条标语:"祝毛主席万寿无疆!"有一次由于演员岁数小,在上边做高难度动作一紧张,标语打开时少了一个"疆"字,结果给这个十几岁的孩子办了三天学习班。

两个团合并后,"工宣队"裁掉了许多"检场"和当助手的,他们说,"你们演员架子太大,唱鼓曲还得让别人给你们摆鼓架，以后一律自己端上去！"还分配唱革命快板的下场后给变魔术的当助手。最要命的是，专门在台下给变魔术的"鼓捣门子"、看道具的也给裁掉了。常宝霆看着又心酸又着急，因为他从小看父亲变魔术，还特别爱看陈亚南、陈亚华的魔术，那时候他们和大哥常宝堃在兄弟剧团时，陈氏二兄弟在台上变，他们的哥哥海荪在后台"鼓捣门子"，小到一条手绢，一个口杯，都是色彩绚丽，光华灿烂，每天哥哥准比两个弟弟先到剧场安排准备，散场必须亲手把道具整理好，才放心地回家，两个弟弟在台上可以放心使活。现在把"鼓捣门子"的人裁掉了，结果事故不断。

一次，演员表演《变钱》，首先把钱变没，其实是用障眼法把它交给助手，助手趁大家都集中看魔术演员时拿到后台"入门子"，即把钱装到一个梨里头再拿上来。结果到后台找不到梨了，不知让谁给吃了！

还有一次，陈鸿章演《变鸭子》。他先拿手绢变一个鸭蛋，然后再让助手把箱子推上来，交代一下这箱子是空的。再将鸭蛋放到箱子里，关上门转一圈，用手一抓，打开箱子，变出一只鸭子来。没想到，箱子上的"门子"不知让谁在后台给动了。助手是外行，不懂"门子"也不会检查。箱子推上来，打开一交代，坏了！鸭蛋还没放，鸭子已经在箱子里放着了！台下的观众不干了："推个箱子，里头盛只鸭子，这魔术我也会变……"常宝霆是真想伸手帮忙，可工宣队不允许,怀疑你不安心拉大幕!

### 4.包庇搭档白全福

让常宝霆最担心的还是白全福。

在"文革"初期白全福未受冲击,也没人贴他的大字报。批判演"封资修"的传统节目时,他装聋作哑,让他看大字报,问他:"看见批《八扇屏》的文章了吗?"他跟小将们点头哈腰,"我不认识字。""造反派"拿他一点儿办法也没有。

到了 1968 年,曲艺团和杂技团合并时,曲艺团只留 11 个人,其余的实行"万名干部下放",那时候说演员也是干部,要下放到工厂、农村。

当时"工宣队"在动员大会上要求每个人都表态。白全福也不例外,"我坚决响应号召……"没想到,第二天谈话,将马三立、苏文茂等人下放南郊北闸口村。花五宝、张剑平等十几个人也都下放农村了。他就开始紧张了:"真让走啊? 老婆孩子们怎么办?""全家都得走! 老伴孩子下地挣工分。""啊?那干得了活吗……"对于白全福来讲这可是一场灾难降临。

一天"工宣队"领导喊他:"白全福!到办公室。"白全福计上心来,捂着心脏,说:"对不起!我今儿血压有点高。"当通知他下放东郊时,他嘴也歪了,眼也斜了。把"工宣队"领导吓一跳。真出了事,他们也有责任。赶紧说:"老爷子,老爷子,别着急! 我们这是征求意见。"

"我拥护……我……拥护……"他还拥护呐,但只说

"拥护"两字，后半句就是不说"我去！"。

"我……我拥护……"一边说"拥护"一边"弹弦子（半身不遂）"。

"得！您别拥护了，赶紧回家，抓紧看病。"第二天，他让家属给"工宣队"打电话："白全福半身不遂啦！"于是，让白全福下放农村的决定收回了。第三天，"工宣队"领导让常宝霆、王佩元带着他们到白全福家看看。对让年近半百的白全福去农村，常宝霆怎么也想不通，所以他暗地里支持白全福装病。

在他们一行人快到白全福家胡同时，心中有数的常宝霆带着王佩元快走了几步："我们先看看他在医院还是在家？"一进胡同，看见白全福挽着袖子正在水管子那洗被子呢！因为那时居住条件都很简陋，水龙头在屋外，常宝霆一见：心想，坏了！这要让"工宣队"看见还了得，赶紧喊了一句："白三哥，领导看你来啦！"

这一喊，白全福扔下大盆，赶紧跑回屋，又开始"弹弦子"。"工宣队"领导进屋一看，嘴歪眼斜的白全福，语无伦次地说胡话。常宝霆还给"捧哏"，难过地说："哎呀！您病得太重啦！抓紧看呀！可别有生命危险啊！"他内心里这个乐呀！装得太像了！白全福还接着演："你……你们……"含糊不清，把"工宣队"吓得够呛，宣布："鉴于您的身体状况，您就先不走啦！"

常宝霆心中的一块石头落地了，"工宣队"出去后，他悄悄地对白全福说:"您一会儿还得再缝俩被子!"白全福一挤眼,用"行话"说:"搁念"意思是"别言语",他接着在那儿"弹弦子"。

5.《挖宝》,起死回生救相声

凡是经历过"文革"的人,都知道有一段相声《挖宝》,由王佩元逗哏、常宝霆捧哏。这段节目使全国专业和业余相声演员欢呼雀跃,无比振奋。《挖宝》创作、表演于1971年,比马季1972年改编的《友谊颂》早了一年的时间,因此可以这么说,在那段特殊的岁月,《挖宝》是回到舞台上的第一段相声,也是这段节目在一定意义上挽救了快要消失的相声艺术。《挖宝》打破了专业相声方面的沉默,通过电台的广播,在全国造成很大的影响,使许多相声演员感到兴奋。在"文革"期间,艺术园地百花凋零,那是一个严肃到让人在任何公开场合都不敢笑的时代,唯《挖宝》首先扛起相声艺术这面大旗。《挖宝》,与其说给相声爱好者带来笑声,不如说给相声爱好者带来了希望与信心。

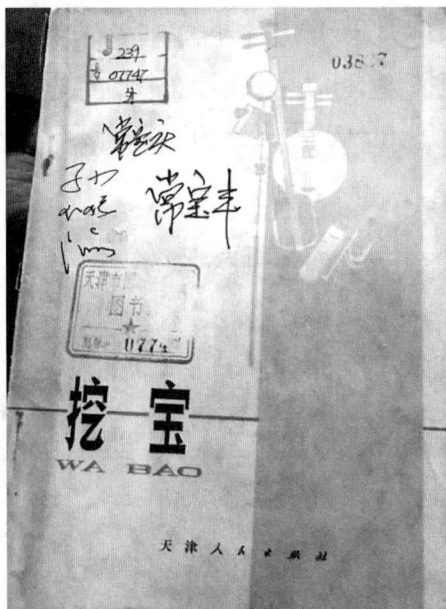

当年由天津人民出版社
出版的《挖宝》

136

节目播出后，全国各地来学习的人络绎不绝，又激发了人们对相声的追捧，涌现出一批优秀的业余演员，带给相声同人的更是温暖与感激。在那种特殊的历史条件下，如果不经过特殊的努力是不可能取得这样的成就的。十年中相声没有断档，是常宝霆、朱学颖做了一项开拓性的工作，为相声带来了新的曙光和活力。

这是我国相声史中特殊的一页，不只是丰富了节目，而且在当时相声处于禁区的情况下，冲破种种阻力，使相声重新登上舞台并在电台广播，当时有多少人欢呼"相声又回来了"，有多少相声演员和热爱相声的群众奔走相告，今天，我们不应忘记这段经历和过程。但您知道这段相声是怎么产生的吗？

1971 年允许常宝霆搞相声创作之后，他压抑的心情和创作欲望如火山爆发一样释放出来，他找到曲艺团与自己志同道合的朱学颖说："你别再创作对口词和枪杆诗了，咱俩创作相声。""好啊！您有什么想法？""咱得深入生活找题材。现在全国提倡综合利用、变废为宝，咱先去市科委进行采访，搜集素材。"

科委负责接待的人说了一些所谓的"成果"，最后食品二厂用猪内脏做药一事引起了他们的兴趣。于是他们二人带着王佩元去食品二厂，由于王佩元还要负责团里演出的舞台后勤、上台演枪杆诗，不能每天都去，而常宝霆和朱学颖则每天按时去食品二厂上班。二人每天早晨在一宫门口碰面，然后坐 17 路公共汽车到位于张贵庄的天津市食品二厂，一连三个月风雨无阻。在车间他们采访工人师傅是如何用猪的内脏做药。并亲自干活体验流程，和工人交朋友，以至多少年之后这个工厂的工人师傅都是常宝霆家的座上客、好朋友。通过这段时间的体验生活，相声《挖宝》创作出来了。他们二人借鉴传统相声里面的技法和结构，以贯口作为"底"，烘托效果，增强艺术性。团里审查通过了，然后报市文化局革命委员会审批。两个月过去了，杳无音信。后来，朱学颖找到了文化局的军代表，得到的回复是《挖宝》这段相声最大的问题是："见猪不见人"，与时代需要的歌颂"高、大、全"正面人物的要求格格不入，没看见工农兵形象。也就是说，这段相声被"枪毙"了。可是怎么又起死回生的呢？天津市每年都要组织演出队，深入一线慰问工农兵。就在这一年，由市委主管妇女工作的领导同志带队，到涉县铁厂慰问工人。王佩元和张志宽等人都去了，表演一些对口快板、对口词、枪杆诗、毛主席诗词或者一些口号性的东西。可是工人们太想听相声了，带队的市领导问有相声吗？聪明的王佩元说："有。""为什么不演？"他没敢说"枪毙"了，说："正在审查。""我听听！"这是位女同志，很有气魄，听完以后说："好！今天就演这段儿。""那上级要是……""有问题我负责。"

王佩元与张志宽觉得机会来了，赶紧背词。结果在台上的演出效果非常好，观众反应"太好啦"！掌声、喝彩声如山呼海啸。这说明观众在呼唤相声，观众需要相声。

回到天津后，王佩元悄悄地向常、朱二位老师汇报了演出情况，大家都非常兴奋。但统一口径"先保密"，现官不如现管，别看有领导批准演了，但历史的教训不能忘记：当初何迟因为写了《买猴儿》被打成"右派"，把表演者马三立不也打成"右派"了吗？没想到，1972 年春节前的一天，曲艺杂技团分管业务的王少章风风火火地跑来，喊道："快！别吃饭了，快跟我走！""干什么？""别问，常宝霆在哪住？""我认得。"王少章不由分说拉着王佩元上了吉普车直奔常宝霆家。在车上，王佩元还嘀咕呢："要抓我们俩？"悄悄地问："干吗去？""演出！""可吓死我了。就是就义我也得留点遗言啊！""别逗！重要演出，要不谁拿车接你呀？！"

他们这才知道，天津市政府在一宫礼堂举办军民联欢晚会，领导指示让演出相声《挖宝》。当常宝霆、王佩元面对着台下的天津市军政领导表演《挖宝》的时候，还仿佛是在梦里，有点儿不敢相信，可没想到效果依然非常好。演出结束后，他们怀着惴惴不安的心情等待着领导指示，不求有功但求无过。市文化局革委会主任王莘说："首长们反映相声很好。"听到这句话，他们才如释重负，接着王莘主任又说："《挖宝》这段相声要报送到中央文革小组，等批准了再通过电台播放。"

他们又进入了漫长的等待批示状态。1972 年国庆节，下午四点来钟，市革命委员会给曲杂团打来了电话，说中央批下来了，可以播。全国的大街小巷都能听到从高音喇叭中播出的王佩元和常宝霆合说的相声《挖宝》。多年来，人们对于相声的渴望在这一瞬间得到了爆发。在"无限上纲"的年代，任何严格的审查都挑不不出这段相声的毛病来，这在当时也是真绝了。尤其是，这个段子表面上"歌颂"的是"猪"，实质上则表现的是科技工作者的智慧，歌颂的是"臭老九"——知识分子。

《挖宝》引起轰动以后，国务院一位副总理又指示："我们的相声仅挖一个'宝'不够，要挖'五个宝'。"于是以常宝霆、朱学颖为首的团队，深入"煤""水""木材""钢材"战线"挖宝"。常宝霆、朱学颖、王佩元去小兴安岭体验生活后，又创作出了一段《林海取宝》。真正的相声，也从此柳暗花明，重新回到了曲艺舞台。

常宝霆(左)、王佩元(右)
表演相声《挖宝》

这段《挖宝》对相声

的繁荣发展起到了什么作用呢?笔者认为首先是使广大的专业相声演员无比振奋,当时,究竟有多少人表演了这段相声呢? 恐怕难以统计。

粉碎"四人帮"以后,常宝霆更是干劲十足。他带着朱学颖、王佩元,到中国美术家协会采访"文革"中受到迫害的一些老画家,创作批判"四人帮"的相声。当初接待他们的负责人是华君武先生,具体负责的是黄永玉先生,以常、朱两位为主采访了李苦禅、李可染、黄胄等著名画家,然后创作出了相声《画鸡》,由王佩元和常宝霆演出,也取得了成功。

党的十一届三中全会以后,拨乱反正,开始落实党对知识分子的政策,马三立、苏文茂等人从农村又都回到天津市曲艺团,天津市曲艺团从市杂技团剥离出来,恢复了天津市曲艺团的建制,工宣队、军宣队全市撤销了。白全福也不"弹弦子"了,从一个"文教厂"补差看夜的岗位,又回到了团里继续给常宝霆捧哏。

继《挖宝》之后,新相声如雨后春笋般地涌出,但《挖宝》这段相声和它的创作者为"文革"后相声复出所做出的贡献将永远被牢记。

## 五、不会当官

### 1.呵挂批评人

对于常宝霆的工作能力,业内外是有口皆碑的。在"文革"之前,常宝霆就担任市曲艺团演员队队长(1962年),当时团里就分两个队,一个是乐队一个是演员队。所有演员都属演员队队长管。著名曲艺理论家陈笑暇曾就常宝霆的工作能力写过这样的话:

> 1962年初,陈云副总理提出"抓好天津曲艺"。欲出版《京韵传统唱词汇编》《张寿臣的相声表演艺术》,市文化局筹建了曲艺研究所,我被调入。当时,我们在哈尔滨道73号市曲艺团内办公。每日与曲艺团演职员碰面,亲如一家,我方知常宝霆是演员队队长,新韵霞、赵佩茹为副队长。他们每日上午在团内办公,下午去劝业场六楼天乐戏院演出。有时还去红旗戏院等或是晚会赶场。当我在会议室、排练厅、剧场后台亲历了常队长的工作能力与分析、解决、处理、调研不同性质的疑难问题后,不禁暗伸拇指,认为:常队长真有领导水平,也善于做演员的思想工作,除了说服力很强,还具有相知相惜的情感投入。有时,他们向赵魁英、王济、张新胜等汇报工作,我在旁听时,深感他们是基层中不可多得的业务干部,其理论、文采与艺术风采交相辉映,对我的研究工作有颇多启示。

在20世纪80年代,常宝霆担任天津市曲艺团艺委会主任。除了承担繁重的演出任务之外,他对团里的业务建设和人才培养也非常关心。由于他事事以身作则，威信也高，像团里的老一辈艺术家马三立、骆玉笙、小岚云、王凤山等人，谁有事都愿意找他，有什么不痛快或别扭的心里话也愿意跟他说。再加上他为人正派，敢说直理，人们也相信他。当时曲艺团每年都招收新学员，在对后续人才的培养上，重视程度都特别高。

一天他和他的弟子王佩元正在排练，就见李润杰的儿子李少杰哭得像个泪人儿似的从学员队的办公室跑出来。当时少杰刚刚考入天津市曲艺团学员队学习快板书表演，年纪还小，但条件非常好，别人是到团学艺，他在父亲的传授下，到曲艺团时已经能唱好几段了。见他哭得这么伤心，常宝霆便心疼地问："哎哟！少杰这是怎么了？"李少杰抽抽搭搭地回答："刚才学员队开大会，马老师当着那么多人的面儿，给我好一通数落！我接受不了……"马老师是著名弦师马涤尘，任学员队的队长，对待学生无论是从思想上还是业务上，要求都非常严格，批评人毫不留情，一点儿也不讲情面，不了解马老师的人一般接受不了。很多学生见到马老师，都像是老鼠见了猫。于是佩元问："他说你什么啦？""他说我'调侃儿（即春典，业内的行话）！'""他说就说呗，你至于哭成这样吗？"当时李润杰是曲艺团副团长，年龄还小的李少杰觉得有恃无恐，不能受委屈。便一边哭一边嚷："那不行，他当着大伙儿的面冤枉我，其实我没'调侃儿'，他非说我'调侃儿'，他要不冤枉我，我也不会'撇苏儿

（即哭）'！"

常宝霆一听就明白啦，当时团里要求学员不能说行话，即"调侃"，他刚才还当着我说"撇苏儿"了，肯定是他家里来的相声演员多，有意无意地便学会了，这种状况不能支持，否则马涤尘就没法管理了。可是怎么批评他呢？还得讲方法。于是说："少杰啊，我问你一句，你在家里跟你爸爸、润杰同志，也这么说话吗？"少杰说："好么！同着我们'恰儿（爹）'，我是一句不敢'团儿（说）'，我要是'团儿'这'纲'（话），我们老'恰儿'绝对用'龙根儿（茶水）'泼我'盘（脸）'上！"

常宝霆一听就站起来了："该批评你，就你这一嘴炉灰渣子。"

少杰一愣，反倒乐了："对呀！我这不还在'调侃儿'吗？"

在场的人也都笑了，但常宝霆还给他台阶，接着"砸挂"，说："不！你这可不是'调侃'。"

"那是什么？"

"是行话！"

"还一样啊?！"

"去！跟马老师道歉去。"

"嗯！我去！"

他把问题解决了。

2.砸挂驱辛劳

在外地巡回演出期间很累，而且出门两个月以后，年轻人就开始想家了。这时候光靠思想工作，是不能完全奏效的。常宝霆和白全福有绝招，他们每天"砸挂"不断，而且经常是常宝霆给白全福捧哏。在"砸挂"中，白全福有一句口头禅，叫"宁失金山，不丢包袱儿"。他把"包袱儿"当作相声演员的命根子，在生活中他们二位的"包袱儿"也常常起到不同寻常的作用。有一次他们随团到江苏、山东等地巡演，当时正是夏天，常宝霆和白全福坚持与大家一样吃住在后台。那时在中小城市演出，几乎所有的剧场后台宿舍都没有空调和电扇，但每个人都挺乐观。散场后，都上常宝霆和白全福屋里坐一会儿。天气热，白全福又胖，一次常宝霆看见提前躺在床上的白全福睡姿可笑，就开始"砸挂"，他对大伙说："你们看我白三哥，睡觉翻身很有特点。甭管睡着没睡着，要翻身，那两只手得先搬肚子，肚子搬过去了，才能翻身。没练过这手功夫的还真不行。"这个"包袱儿"逗得大伙儿哈哈大笑。但这还不算结束，白全福在大伙儿的笑声中一瞪眼："别乐！人家这儿正开骨缝儿呢。"他拿自己当孕妇啦！

演出到山东时，当地有一种名酒，叫"景芝白干"。白全福便买了一瓶，随团的青年演员王恒也买了一瓶。论起来王恒和白全福沾亲，管他叫姥爷，所以常宝霆便指定由王恒负责关照白全福。当他看白全福买酒后，便替他拿着，跟自己的那瓶酒搁在一个提包里。因为演出经常转换剧场，坐火车、过天桥的，大家都非常累。那天天气热，在车站大家正一路小跑赶火车,王恒挎包里的两瓶酒在上台阶时不小心"啪"地碰了一下。白全福反应这个快啊,几乎是一秒钟都没停顿,严肃认真地说:"王恒,是你那瓶酒碎了!"这个"包袱儿"逗得大家是捧腹大笑。两瓶酒都一样,他怎么知道碎的是谁那瓶呢?可白全福却说:"碎的那瓶是你的!我那瓶没碎。"六十多岁的老头儿跟一个小孩儿说这话,多可乐啊!这时到常宝霆捧哏了,当白全福刚说完:"碎的是你那瓶。"常宝霆马上翻"包袱儿":"嗯!我听出来了,白全福那瓶响声老。"这还能听出来?!

大家到了江苏南通,演员们相约去爬当地的风景名胜郎山。常宝霆、李伯祥、杜国芝、常宝丰、张志宽等,被大家连搀带扶地爬到半山腰就全都气喘吁吁、两腿发软、举步维艰了。怎么办呢?这时白全福看到有一座墓碑,墓碑上写着白烈士之墓,他紧走两步过去冲着墓碑"当!当!当!"磕了三个头。大家全愣了,说:"您干吗呀?"白全福说:"我爸爸埋这儿了。"把大伙笑得都直不起腰了,也来了精神,常宝霆一边搀着白全福,还一边假惺惺地劝:"别难过,不要难过。"白全福一边走一边"撇苏"(抹泪)。把大伙逗得都不觉累了,这时常宝霆还有的说:"这事对,死难的烈士连个名字都没留下,只知其姓,且无后代,姓白的甘为义子,白三哥这是义举啊。"抬头一看,嘿!已然到山顶了。

### 3.操心的大家长

在演出队中,常宝霆、白全福还负责教学和协助管理,如晚上戴志诚与郑健等人演出之后打扑克，他们便及时出面予以制止，说："小子，这可不成，咱们演出得卖力气，需要保护嗓子，得早睡。"一天晚上，王佩元和常宝丰、杜国芝、戴志诚、郑健又聚在一起打扑克，不敢高声，连去厕所也忍着，怕出来进去的，让老先生们知道挨批评。忍到夜里一点半，他们几个人蹑足潜踪来到厕所，还低声互相嘱咐："轻着点，别让常老师听见。"刚说到这，就听里面宝霆先生："别让谁听见？记住，明儿还有场呢。"让老先生抓了一个"现行"。像这样好玩儿的事，如今总能勾起这些人美好的回忆。

他们的演出经由蚌埠、芜湖、桐城、阜阳，一路来到了上海，演出之余，队里决定把杜国芝的爱人、常宝丰的爱人和王佩元的爱人接到上海，算是"探亲"。常宝霆和白全福请这三位"夫人"去吃西餐，大家心里都感觉很温暖。离开上海以后，他们又到了福建、浙江金华，然后到了山东藤县，上午，组织大家学习实事政治，最后常宝霆宣布晚饭由他们老二位请大家。当时大家还很纳闷，怎么两位老先生突然想请客了呢？等到晚饭时候，常宝霆端起酒杯说道："这次我们老二位请大家，一是感谢大家一路上对我们的照顾，另外，关键的是今天是小戴的生日。"当听到这句话的时候，戴志诚感动得热泪夺眶而出，他说："连我自己都忘了今天是我生日，在家我妈都没给我过过生日，我今天体会到了父爱……"在场的人都非常感动。

## 六、不堪重负

### 1.没了四分之三的胃

1972 年初冬,兴致勃勃的常宝霆正在到处表演他们刚刚创作出来的相声《挖宝》,忙于接待和辅导全国各地前来学习《挖宝》的专业演员以及工、农、兵演出队和喜欢上相声的业余爱好者。尤其是部队演出队,一波接一波的战士演员热情非常高,许多战士都是头一回听相声,他们说:"真是太好了,我们一定要学会,把笑声带给战士们。"为辅导他们说相声, 常宝霆他们可是费了很大的劲。然而, 常宝霆真心为他们努力创作的相声引起了这么多相声爱好者的兴趣而感到高兴,为相声能再一次回归观众而兴奋。

那段时间, 常宝霆为相声表演被重新恢复以后的种种事情忙碌着,顾不上吃喝冷暖。他还想着能不能接回来被下放工厂的自己的老搭档白全福,希望两人再一次为相声拼搏一场,可就在这时,他却病倒了。那天,他演出回家后,胃疼得满头大汗,那几天,他一直胃疼得非常严重,但是连续的忙碌让他没有时间去看病。常宝霆是国家四级演员, 享有高级知识分子待遇, 一切医药费用国家负责。可他却很少看病。二十多年的胃病、二十多年的奔忙劳作,胃疼,已经成了他生活的一部分。无论在哪儿,胃疼了就拿手顶住疼的地方止痛。许多人都看习惯了他一手顶着胃，另一手比画着和大家说话的姿势。他长年累月用手顶着的地方有一块黑紫色的瘀青，像是胎记。这几天和以往演出一样，没上台时常宝霆用手顶着胃部坐那休息，一到台上便生龙活虎全无病态。没有人注意他这几天胃疼得非常厉害。尤其那天常宝霆觉得有点不一样，疼得有些坚持不住，只见他满头大汗、气喘吁吁的，突然，大口大口地吐血，吐了足有半痰桶黑色的血，把爱人和孩子们全吓坏了，赶紧上医院。因其妹妹常宝英在滨江医院当大夫，离他家也近，便直接去了滨江医院。一检查是急性胃穿孔引起的大出血。医生说："因为长期胃溃疡，未及时治疗而导致穿孔面积过大，腹腔里全部都是从胃里流出来的食物，如再晚来一会儿就有生命危险了。"由于穿孔面积大，他的胃被切除四分之三，人在中年就只剩下四分之一的胃了。

2.要烟还是要命

60 岁的那年，常宝霆又一次在家中大吐血，这次是鲜红的血，把他爱人吓得两腿都软了，孩子们吓得直哭。到了医院，检查结果是支气管破裂，那一段，他咳嗽好长时间了，因为忙没去看，最终导致"哇哇"地吐血。大夫说："是因为咳的时间太长了导致支气管儿血管破裂出的血。"经检查，说他年轻的时候肺就不好，得过肺结核，而现在是肺气肿。一听"肺结核"和"肺气肿"两个病，全家都吓一跳。常宝霆跟家人说："肺结核可能是十几岁时的事，只是说咳嗽，肺不好,那会儿得肺结核儿被老百姓称为'痨病',是很严重的,不是说想治好就能治好的。当时不知道,我爸爸天天一大早带我去河边儿去呼吸新鲜空气,再有就是每天吃菠菜、喝中药,可能是因为年轻吧,就钙化了。这些年就是爱咳嗽,老有痰。"

大夫问:"您抽烟吗?"

"抽!"

"必须戒烟。"

"不行呀!我这工作总熬夜离不开烟。"

"那你是要烟还是要命?"

"有这么严重吗?"

"就这么严重!您的肺不能再折腾了!再抽烟会引起更严重的呼吸系统的病,会没命的!"

常先生回家后和常夫人开玩笑说:"要烟?要命?怎么着也得要命呀!可这不抽烟也挺要命的!"那会儿他搞创作的时候一根烟接一根烟,手指头都被熏黄了。有时候孩子们都睡一觉了,起夜时,看见他是一根儿接一根儿地抽烟,在云雾缭绕中写。写到忘情之处,经常忘了手里边点着的烟卷,被烟烫一下是经常的事。抽了半辈子烟的常宝霆这会儿说戒就戒了,真不适应呀,尤其是熬夜看东西、整理修改段子的时候,没有拿着烟的手,还往嘴里比画。有一天,他和女儿贵芹说:"哎呀!我昨天做梦抽烟啦!这个香啊……"那以后二十多年,他再也没有抽烟。

## 七、相声理论与"心"得

常宝霆先生说过："我非常感谢从事相声研究的理论家，帮助相声这口口相传的传承形式有了更深层次的发展。我们这一代老相声艺人大多数从幼年演到老年，有文化的少，真希望现在能出现从表演到理论都非常杰出的相声人才。"

当许多相声晚辈、相声研究者、曲艺理论家，记者、编辑在请教和采访中让常宝霆先生谈谈他对相声研究的理论时，常先生总是十分谦虚："对于相声我演了一辈子，也琢磨研究了一辈子，为了相声的传播和发展，我总是用心去总结一些创作和表演的经验，可是这些提不上理论，就算是心得吧！"

常宝霆先生有关相声的研究和理论，的确是在他一生的表演和创作中用"心"去获得的，是相声研究的瑰宝，也是相声界的宝贵财富。

以下是搜集和精炼了部分常宝霆先生对于相声的"心得"，以飨读者。

### 1.经历相声上下三代人

常宝霆针对相声的发展、现状、存在的问题等说：中国"相声"的产生是由其时代背景、艺人地位和中国民俗文化、历史渊源等方面的影响而造就的。相声从市井文化低俗技艺"使口"，走向雅俗共赏说唱艺术、从妇孺不宜难当大雅走向喜闻乐见大雅之堂,是经过了几代人的孜孜不倦的努力、孜孜不倦的创新发展的结果。虽是"民俗"可它通过形式内容、表演手法把民众生活中的各种笑料以手段、技巧、语言结构表现出来,具有独特的风格和个性,所以有生命力。

从我小时候起,对于相声,艺人们就有大刀阔斧的改进。我父亲常连安开办的启明茶社,提倡文明相声,把相声演员从撂地请上舞台,杜绝荤段子、臭活,就是对相声发展的一个推动,那时候,常听大人们说:"常连安是对相声办了一件有分量的事!"

可是你不让说荤的、臭的,就得有新的、香的。我父亲那代人,在改编、创新传统相声上也做出了很大的贡献。这其中我最佩服的是张寿臣。张寿臣先生不但在表演上是"相声大王",编相声也是"编创大王",比如他创作的对口相声有《洋药方》《夸讲究》《窝头论》《地理图》《五百出戏名》(又名《戏魔》)《洋钱伤寒》《开粥厂》《西江月》《揣骨相》《哏政部》《歪讲百家姓》,创作的"垫话"有《十遍安》《草船借箭》《二十四孝》《吃螃蟹》《倒坐观音台》《芜湖关帝庙》《掉蝎子》《阿弥陀佛》《不好掏》《腊肉》等,改编的相声有《丢驴吃药》《化蜡千儿》《文章会》《大保镖》《八大棍》《姚家井》,单口相声有《娃娃哥哥》《先生后生》《庸医》《偷斧子》《巧嘴媒婆》等,都是具有丰富内容和文献价值的相声段子。

　　还有，原来《文章会》和《大保镖》是一个段子，《文章会》是《大保镖》的"垫话"，很短，原创者是朱少文，是张寿臣将他们分为两段。《卖挂票》原来是一段相声"垫话"也是由张寿臣将这个"垫话"进一步充实后，变成一块正活，当然这几个段子又有后人加工提高，《文章会》成为苏文茂的代表作，《卖挂票》成为马三立的代表作，但我们不能忘记原创者。

　　当时张先生编的这些"活"我都会使，我还从这些活里学了很多的知识。我在启明茶社演出，是"死地（即固定场所）"，每天两场，因为"活"多，我至少能使四个月"不翻头（即不演重复节目）"。所以从小我就敬佩能编相声的人。

　　我前面所说的相声段子，很多作为经典还在流传，可也有很多都失传了，甚至有的段子年轻人连名字都没听说过。

　　我哥哥常宝堃是张寿臣先生的大徒弟，张老教授徒弟非常严格。他传授的东西不允许徒弟在使的时候随便乱改。自从有一次您偷着看了常宝堃使活，很是赞叹！不但把您教的都用活了，还根据自己特点把好多地方都改了，效果非常棒！那以后您对常宝堃再也不那么要求了。常宝堃在小时候帮父亲变戏法时，自己就悟出了，怎么做才有人缘，怎么说会逗得人家哈哈大笑；怎么讨喜人家就会给钱。他在舞台上把师父教的和自己悟的结合起来，把从小就能和观众融合在一起的本事用上，再加上好捧哏的，现场火爆无比,他开始形成自己有独特魅力的相声表演风格。随着他的不断成熟和众多观众对他这种风格的追捧,常氏流派的相声应运而生。

我父亲和张寿老他们作为承上代杰出艺人之衣钵、努力创新的一代代表人物,包括我哥哥,用他们艺术魅力的影响,为那个年代相声的转型做了很大贡献,让文明相声占据了主体舞台,普及于广大观众之中。虽然还是有时代的局限性,但在相声发展史上是功不可没的。新中国成立以后我和侯宝林先生这一代得到了像老舍那样的文学家的帮助,致力于相声改进和创作。我们这代和下一代都创作了许多好相声作品。

几十年中,相声经历了多次的阵痛和改进,有灿烂辉煌,有矫枉过正,也有低俗重拾。总体来说,相声在逐渐荣登大雅之堂之后何去何从,任重道远。

2.俗与雅的碰撞

关于相声的俗与雅常宝霆说道:现在能雅俗共赏的好相声,一定是从我多次提到的通俗、格调、审美、趣味四个方面有了不断的提升才是好的作品。通俗、趣味是民俗文化的体现,格调和审美是雅兴致的需求。我所说的好相声作品是包括文本和表演在内的。

通俗和趣味是接地气,是原生相声必有的元素。通俗是来自民间最简单的东西,虽俗但是得俗得可爱、可亲,不是俗里俗气、俗得生厌。比如我们小的时候,也使很俗的

"伦理哏"，但仅限于父亲与我们之间没大小的"哏"，绝不牵扯其他人。就是父子之间的没大小，我父亲也进行巧妙的处理，比如儿子调皮讨了大人的"便宜"后，笑着赶紧道歉、说软话；使了"坏招"赶紧认错。这种"俗"哏这样使，不会让人生厌，在观众里非常讨喜。后来我们大点之后就基本不演"伦理哏"了。挺大的人了再没大小就让人生厌了。趣味的第一要素就是包袱，包袱是笑的生命，笑是相声的生命。包袱结构的设计和巧妙生动的语言非常重要，主要体现在来自生活的真实写照、夸张的表演以及口才的运用。比如传统活《大保镖》《大审》都把民俗文化用夸张的表演体现出来。趣味还体现在学什么是那么回事儿、唱什么是那个味儿。这需要演员广泛地杂学知识。

格调和审美是引人向上的东西，从形式上，文明相声的长衫和舞台就是提高格调和审美的表现，内容上从博大精深的中华文化中提取精华来充实、提高相声的品位和层次。一些博古论今、科技文化、人文地理、艺术精粹、竞技体育、甚至民族气节等题材在不失相声本色的情况下，以幽默诙谐的方式演绎出来。比如我和白全福使的《一枝新花》，在笑声中明白了许多科技知识。一个好的相声演员应该是部百科全书，每一段好相声一定是寓教于乐，寓知识、寓文化、寓见识于笑声之中。笑是相声这一艺术形式的目的，也是手段，绝不是为笑而笑。也可以说，一段相声绝不是有了笑料就一定是好相声，低级庸俗的、互相嘲讽的、肆意拿生理缺陷抓笑料的、台上乱打乱骂的、阴阳怪气的，这些换来的都是廉价的笑声，没了格调和审美，是毁我们的相声。最近听说有硕士研究生也在说相声，我觉得太好了！他们学问高、悟性好、领会快，在创作和表演上肯定有意想不到的突破。如果再加强基本功训练，那可是给相声这门艺术增强文化基因的好事！

3.旧与新的融合

常宝霆谈旧与新：看今天的相声与过去发生了翻天覆地的变化。所谓变化是说在不失相声本色的基础上，跟着时代的生活变化和观众的需要去创新、去升华。就是再经典的传统段子也需要不断地更改词汇才能常演常新，一个脱离时代的节目，观众怎么能喜欢呢？像我师父郭荣起的《打牌论》，使得经典！可是也得随着时代的变化多次修改，你现在再说"斗十胡"谁懂啊？观众都听不明白，他怎么能乐呢？都说我的《大审》不错，也得随着时代进步不断地改。按这个套路写的《道德法庭》，老少都听得懂，效果非常好。《卖布头》里的

晚年时期的常宝霆

156

买卖吆喝我们都熟悉，现在的年轻人根本不了解了，没有生活，使起来肯定费劲。

另外，还要根据演员自身条件和特点创造性地继承传统的东西。比如我在20世纪60年代使的《听广播》在当时很轰动。实际上是我根据旧相声《学电台》改编的。套子是旧的，词是新的。80年代我儿子常贵德想再使，内容就不合适了。所以我和贵德根据他的特点重新改编为《听广播》，效果也非常好。我们常派相声注重刻画人物，注重甲、乙双方的互动以及与观众的互动。一定要在传统相声中融入时代内涵。社会在发展，相声也要随之进步，没有任何一种艺术可以一成不变，很多老节目已经不适应新观众口味，如果不自己创作就没有节目可演。我哥哥常宝堃就特别重视钻研相声，跟老百姓、观众的关系特别好。他上台的时候仿佛底下坐着的都是他的亲人，演出中特别讲究互动，擅长现场"抓彩儿"。他时刻都有新的、老百姓爱看的东西在他的相声里。他年纪轻轻就自成一派，是因为他懂得把观众认可的古董饭碗里装了最流行的新食品。我大哥常宝堃是非常典型的旧行当里的创新派，我们兄弟几个都是以求新和火爆为特点，求新、创新也是常氏相声的特征。

在相声发展中，我希望有更多的人站在传统的肩膀上，大胆去创新，能涌现出更多的流派。

4.表演技巧

关于表演技巧，常宝霆说：相声首先要有天赋。就是得喜欢表演，善于表演。一见人就脸红，上了台就僵住了，我劝您还是听相声去，别说相声！有人觉得平时爱耍个嘴皮子，油头滑脑、贫嘴瓜舌的应该能说相声，其实更不行，张寿臣老先生是最不喜欢这种人，这样的人说相声是糟蹋相声。

说相声得练好基础。相声演员都练贯口活，贯口练得好，对说好相声有很大帮助。师父教的时候对我们讲，不管说多快，每一个字都得交代清楚，让观众听清楚，气口得对，不能囫囵吞枣，嘴皮子上有劲了，这就有了基础了，有这个基础，再学别的活就容易。还有学谁唱你得像，没有技巧，就得多练。我师父说过，不像就别学，别糟蹋人家。

说相声要注重观察生活。艺术是从生活中提炼的。相声的台词应当说观众都熟悉的话，要是到外埠去演出，最要紧的是"进乡问俗"，到地方先问问当地土语。"我媳妇儿"，天津人、北京人都明白，那时候的湖南人不懂，他们叫"堂客"。"捉迷藏"在北京说可以，到天津就得换成"藏蒙个儿"。比如到唐山，我们叫"颠儿"，唐山人叫"找丁"，我们叫"不知道"唐山叫"知不道"。都打听好了，在场上说出来才能响，说几句方言土语观众觉得熟悉、亲切。新相声创作为什么要体验生活，还是因为你段子里描述的人物或领域你自己有感觉演出来才真实，

说相声得掌握火候。一样的菜，一个厨师做出来一个味道，即使佐料、调料都一样，做出来还不是一个味儿。关

键在火候上，在掐勺的筋节儿上。相声也是一样，同是一段儿相声，一个人说出来一个样儿，有的人说就效果好，有的人说就效果差，还有的人说就没效果。这就在于表演掌握的火候或者说节奏上了。

相声的表演技巧最难掌握的就是"迟、紧、顿、挫"。"迟"就是慢，"紧"就是快，快慢都要恰当，要有一定的尺寸。不能太快，也不能太慢，太慢就拖断了，包袱儿泄气了，太快叫人家听不清楚，如果包袱儿都抖搂完了，观众还没明白呢，这样观众就笑不了啦！"顿"是包袱儿皮，不出包袱儿，它是给"挫"创造条件，如《托妻献子》的底，逗哏的说："……俩孩子都是我的。"这句就是顿，紧接着捧哏的说："那我就放心了。"逗哏的说："可，是你媳妇养的。"这句就是"挫"，包袱儿也就抖搂开了。这种技术并不是用几句话一说就会的，需要自己去揣摩，火候到了，自然就找着它的筋节了。

还有语言技巧最为重要，相声演员都知道抖包袱得先铺平了、垫稳了，铺和垫都是为了抖，两者必须联系密切，可是在铺垫时包袱儿还得严，不能刨活，露点儿包袱缝儿就影响抖时的效果。比如"柳活"常用的口："你一张嘴，我就知道你唱什么！"这么说，后边"那你猜这是什么？"空张嘴不唱，让他猜才有意思。我听过有的演员这样使"你一张嘴唱，我就知道是什么"。多一个"唱"字就刨了，使得就不对了。

说相声得注意交流。新相声也好,老段子也好,必须要在体会故事内容、体会人物感情的同时,不能失掉和观众的联系。大家都知道相声讲究"一会儿戏里一会儿戏外",都在戏里那是话剧,都冲观众那是开会讲话。相声的区别就在于得和观众有交流、有互动,又不是都交流。我和白先生许多"子母哏"的段子就是这种跳进跳出:一个大杀四方,另一个硬着头皮周旋抵挡,时常在使活当中扭头冲观众:"您听见没有,他说的像话吗?""您说这都哪对哪呀!"这种把段子里人物间的冲突、矛盾以现挂的方式与观众去沟通,掌握好了就有了相声的灵魂。张寿臣先生说过,使活时,跟观众失掉了联系,就等于电灯把电门关了。

常先生还有一些总结:

正规严谨:不是一本正经、僵硬做作,而是认真对待作品的态度。

活泼潇洒:不是乱蹦乱跳、油腔滑调,而是朝气、阳光的气场。

松弛自然:不是吊儿郎当、懈怠散漫,而是亲近观众没有距离感。

吐字清晰:不是诗歌朗诵、咬文嚼字,而是以生活中的语气交代清楚每一句话。

常先生说:相声的表演要做到活、神、帅、准。第一个字是"活",就是在表演中要灵活,能现场抓哏。我大哥表演就非常活。在 1941 年著名画家于非闇在天津永安饭店

举办画展。天津各界名流在登瀛楼饭庄为于非闇接风，我
大哥"小蘑菇"也被邀出席。席间于非闇非让"小蘑菇"现
编现演一段数来宝，描述当时的情景。小蘑菇不假思索，
张口就来：

打竹板儿，用目观，
各位名士吃西餐。
讲书画，论笔单，
在座诸公可占先。
什么溥心畬、张大千，
仿宋花鸟于非阗。
陈半丁、吴湖帆，
细笔山水郭北峦。
描拱石、郭传章，
药雨先生本姓方。
汤定之、吴侍秋，
乔山叶的陈缘督。
余绍宋、白石翁，
道教学生曹文耕。
张海若，朱拓好，
王师子鲤鱼带花鸟……
要瞧画儿，到永安，
周到展览到房间。

我蘑菇,学问富,

工笔老人带松树。

画山水、好悠闲,

这些画儿我报不全,

蘑菇我爱画儿没有钱!

　　这段数来宝,笑惊四座,大家都非常赞赏"小蘑菇"即兴编唱、当场抓彩的本领。

　　另一个例子是:现在人们听广播、看电视最讨厌的就是广告太多,可在 20 世纪 40 年代,许多天津观众就喜欢听"电匣子"里的广告。那时广播电台都是私人开办,赚钱全凭广告。广告怎么做? 请谁做? 经营者有特殊招数。其中我大哥所做的广告就特别受欢迎。我大哥常宝堃很早就红遍津门,与他天天上电台有关,而电台老板之所以请他,主要是因为请他做广告,商家愿意给钱。

　　常宝堃和赵佩茹能把广告都巧妙地融进"活"中,而且很多都是当场创作的"活"。比如,他二人到了电台,"管事的"递给他两张纸条,一张让播天津老中医赵沛霖,一张让播"寿星牌生乳灵"和"体仁堂甘露膏"。三个广告,临时现抓词儿,常宝堃应对自如。

　　常说:"我认识你,你叫赵佩茹。"

　　赵说:"对! "

　　常说:"我不但认识你,我还认识你爸爸。"

"你认得我爸爸？"

"赵沛霖呀！人家是名满津门的中医大夫。"然后说赵沛霖医术多么好！报完了，赵佩茹再翻"包袱儿"："这都是哪的事儿呀！这爸爸没有乱认的，你说的那个赵沛霖我认得，我找他看过病，但他不是我爸爸。"

"是你爷爷？"

"不是！"

"是你大爷……"

"都不对！我和他没亲戚关系。只是找他看过病"。

"对！赵佩茹小时候长得胖。"

"我妈妈奶好。"

"你妈妈原来奶不好，后来吃了寿星牌生乳灵，嚯！那奶哗哗的，跟自来水一样，堵都堵不住。"

"我妈开口子了？反正奶是多了。"

"佩茹他父亲老来得子。他妈七十生的他……"

"我妈七十生我？她没这么大能耐！"

"我记得是七十。"

"我奶奶七十抱孙子。"

"反正有个七十，你妈结婚好多年没生养，后来贴了甘露膏，才怀上你了。"

由此引出"体仁堂甘露膏"的广告。

他们这样报广告，花钱的老中医赵沛霖和卖药的能不高兴吗？所以常宝堃的广告令厂家满意，老百姓爱听，懂行的听他俩即兴创作,都非常佩服他们!这就叫使"活"。

我们下去演出,入"活"的"垫话",也都是根据当地的情况和观众口味灵活应用,"正活"也千变万化。有一次我们在山东黄县演出,在台上使《山东二簧》,本来我的《山东二簧》受我师父郭荣起的指点,大家都觉得比较地道,那天我们又一改在天津使这个活的路数,加进黄县的许多土语和风土人情,效果真是"炸了堂啦!"所以得这是"活"。

第二个字是"神"。什么是神?不是假机灵,我们的表演不仅要求形似,更重要的是神似。怎样做到神似?比如要学某个人某个流派的演唱,一定要抓住这个人代表剧目中的代表唱腔,而且还必须是观众耳熟能详的唱腔;塑造某个人物时,一定要抓住这个人内心世界才能神似。神从眼中来。要把观众的"神"拢到你这来,叫"拢神";把观众的神领到所要表达的特定环境中去,叫"领神",除了"拢神""领神"还有"定神""送神""带神""敬神""散神"等几种"神"的运用。

第三个字是"帅"。不是模样长得好坏,首先是舞台风度,举止大方,潇洒自如,亦庄亦谐。抖包袱儿不是使怪相,学戏时,无论是京评梆每一动作都准确漂亮。"帅",是与一个人的素质、修养、学识密切相关的,要想在台上帅,就得提高自己的素质、修养、学识。有的人长得很漂亮,素质不行,台上一站像瘪三;侯宝林长得不算漂亮,在台上举手投足给人的感觉就是帅。

第四个字是"准"，即表演要准确，台词准——抑、扬、顿、挫到位；动作准——神态、手势、步伐、方位，这个准，绝不是凭"想当然"去规定语气，设计动作；包袱儿口准——轻、重、快、慢，差一点儿都不行。最后是人物感情准，相声的表演难就难在内外统一，表现在一瞬间的准确上。

记得一位名人说过："对大多数人而言，经验就如同一只船尾的灯，只照亮所驶过的水道。"

希望这照亮了的水道能给后人不断创新提供一些启迪。

## 八、相声传承

常宝霆从小对相声门里的拜师学艺的各种规矩非常清楚，但是新中国成立前，不满20岁的他从来没有想过要收徒弟。60年代他收了郝晨、王英、曲乃新三个徒弟，基本上也是组织上安排的。比如收曲乃新就是天津市曲艺团到长春市演出时，经长春市曲艺团团长固桐晟先生提议与引见，请常宝霆、白全福及朱相臣三位先生分别收团内相声演员曲乃新、王吉祥、蔡培生为徒，并举行了全新的拜师收徒仪式。

### 1.恢复收徒

1984年，天津市曲艺团决定按照马三立、常宝霆等相声名家的提议，恢复师父带徒弟的相声传承传统。这在当时是一件轰动全国业内的事情，因为"文革"期间，把拜师定性为"封建遗毒",无人敢越雷池,可是对于口口相传的相声艺术而言,拜师是有利于明确师父责任、成就人才的。天津市曲艺团经多次研究决定,准备办一场继承传统、提倡新风尚的拜师仪式,由市曲艺团主办,常宝丰拜师马三立;侯长喜拜马三立的掌门弟子阎笑儒为师,成为马三立的再传弟子;王佩元拜师常宝霆。

　　拜师仪式在交通旅馆举行。当时,控制出席人员规模,虽然拟定百十人左右,但北京的很多演员闻讯后争先恐后赶到场,有侯宝林、高元钧、赵振铎、李金斗等;天津京剧界的厉慧良、天津曲艺界骆玉笙、苏文茂等相声演员以及京、评、梆、越等剧种的老先生参加了拜师仪式。拜师仪式隆重、热烈、简朴。三位弟子向师父献花,师父们向弟子赠送了礼物,马三立给三个后辈一人一个笔记本和一支"大金

拜师仪式

166

星"的钢笔，并在笔记本上题写"好好学习，力争上游"。侯宝林讲话后，高兴地向常宝霆敬酒，常宝霆酒量不大，连喝几杯后，就有些醉了。王佩元将他搀到家后，常宝霆还没忘记对弟子嘱咐："记住了，好好学相声。"

明确了师徒关系后，常宝霆对王佩元的要求就更加严格了。首先是纠正他演《挖宝》时，因为当初受对口词、枪杆诗表演的影响，说相声的口风不对；二是舞台上的举止缺少与神韵的配合；三是年轻人还得出新。王佩元严格按师父教的相声表演的一些技巧去实践，很快有所提高，可是怎么出新呢？师父告诉他：要善于同作家合作，要深入生活。1986年，王佩元与丁润洪先生合作创作了相声《花的礼赞》。他记住了师父的教诲，为创作该作品，他到水上公园与那里的花把式请教攀谈获取素材，以花喻人，歌颂满园春色的祖国。这段相声也得到了宝霆先生很多帮助。如该作品中原来有这样一段。

　　甲：您死后，遗体周围不摆放鲜花，而是按照您生前的愿望给您放鲜货摊上……"

　　常宝霆说："这个不形象，要有场面描写。"后来改成

　　甲：您头枕着西瓜，耳朵挂着葡萄，手里攥着俩香蕉，脚底下还踹俩哈密瓜，您这路死法……

　　乙：我等于死鲜货摊上了。

这个效果就更加强烈，充分发挥了相声所长。

不拘泥于传统的相声表演模式，甲、乙二人直接进入表演，也是常氏相声的风格。1984 年，王佩元与常宝丰的《并非讽刺裁判》就是在常宝霆的指导下，按这种风格完美地呈现了作品，取得了非常好的效果。

2.悉心传艺 桃李芬芳

常宝霆一生传艺无数，无论是专业的还是业余爱好的，对待每一个上门请教相声的人他都付出耐心、热心和爱心。天津市曲艺团相声学员队的学员每个人都能讲出一段常先生对他们学艺当中的经准点拨。快板名家张志宽回忆起常宝霆先生对他的帮助时说道："我从 14 岁进入天津广播说唱团就和常老师在一起，几十年来得到了他无私的帮助和关爱。那个时候我的天津口音特别重，他便逐字帮我纠正。常老就告诉所有团里的人，如果我说天津话，就不让理我，直到我用普通话才行。"一件小事，看出了一位老演员对艺术的严谨，对青年人要求的严格，同时也看出了他对青年寄予的希望和对后辈的提携。在天津曲艺界乃至全国曲艺界，受到过常宝霆先生教诲和帮助的还有很多，他们回忆起这位前辈无一例外地提到了他对艺术的执着和对青年的关爱。天津市艺曲家协会秘书长王宏说："我1985 年进入曲艺团，常先生就一直教我们。1988 年时我们去山东演出三个月，每天早晨常先生带我们吃过早点后就

168

开始手把手地教，小到如何从侧幕上台，舞台上的一举一动、一言一行、一颦一笑他都亲自示范，一点细节也不放过。当我们演出回津后，大家都感叹我们这些青年人在这三个月里技艺大增，这与常宝霆先生的付出是分不开的。"常宝霆先生为青年人做出的奉献不胜枚举，所谓薪火相传，重在身体力行。

常宝霆常年注重扶植年轻演员，做好传帮带工作。在后辈眼中，常宝霆是德艺双馨文艺工作者的典范，天津市曲艺团相声队队长李子亭说："他到晚年时，一谈到相声，还是侃侃而谈，还在说的都是怎样提高相声水平、如何拿出新作品、如何二度创作等。老先生把这份精神留给我们，我们也要加倍努力回报他。"

在老一辈艺人中，曾出现过这样的现象：王世臣的弟子刘洪沂想向师父学习《武坠子》，王世臣说："学这块'活'别找我，你到天津去找常宝霆，他使得比我好。"东北的老一辈相声演员于世德等人，对刚步入相声专业队伍的师胜杰说："你嗓子好，要学'柳活'去天津找常宝霆，他的'柳活'比我们好。"李金斗的师父赵振铎也说过"要学《大审》就去找常宝霆"。

师胜杰说："1978 年的夏天，我联系到常宝霆老师，想到天津市曲艺团跟他学习。常老师愉快地答应后，我从哈尔滨坐火车到天津。下火车后，让我没想到的是常老师亲自到车站来接我。因为当时我只是普通的一个年轻演员，常宝霆老师在我的心里，是非常崇拜的、重量级的偶像。见他竟然亲自到车站来接我，让我非常的感动。后来，我逢人便说常老师来接我的这件荣耀事儿。而且，跟常老师学习的时候，他也特别耐心，没架子、没有保留，对我特别亲切，那次来天津真是受益匪浅啊！"

**桃李满天下**

1980 年，李金斗从北京给常宝霆先生打电话："我们想上天津找您学习去。团里批准二十多人，分门别类都去天津学习。"常宝霆说："好啊！我接待。"

李金斗回忆起当时的情况说："我们这二十多人到天津后，没想到常宝霆对待我们像父亲对待自己的孩子一样，他当时是天津市曲艺团的艺委会主任，亲自安排我们这二十几个人吃住，我们都特别感动。在吃饭的时候，我提起来想学《大审》，说：'您的这个活跟别人都不一样，说得特别好。我有几个地儿使得总是觉得差火候儿。'然后他听我演了一遍，当时就给我提出来哪儿应该注意什么，那块儿应该怎么使才行，哪段得按哪个版本去接，等等，当时就觉得挺受益，回到北京就自己摸索着改。有一次，常先生在北京演出，我特意安排在便宜坊请常先生吃烤鸭。在饭局上。他又给我点拨了几个地方。所以我使《大审》这个段子当时效果非常好，受到许多的好评。常先生两次毫不保留地给我说活，让我非常受益。"

刘洪沂说："二十多年前，我曾向常三叔求艺学习《武坠子》，他老人家不但毫无保留地认真给我说这块活的使法，还嘱咐我们：'捧哏的那边让白老师再给你们说说，既学就要精！'这种精神我始终都没忘！"

像这样的例子数不胜数。

3.子承父业

常宝霆的长子常贵德，8岁在天津市戏曲学校京剧班学小生，认真刻苦，也曾得到刘雪涛等名人指点，毕业后分到天津市京剧二团。在20世纪80年代初，天津市文化局一位主管剧团业务的领导说："常氏相声是我们国家也是天津的骄傲，你的后代怎么没培养一位相声演员？不能在你门下断代啊！"此事让常宝霆与常贵德颇为犯难，当时常宝霆说："你要改行说相声我喜忧参半，喜的是咱家多一个相声继承人，我当然高兴；忧的是隔行如隔山，况且说你的京剧表演到了这种程度也是来之不易，扔了实在可惜。何

常贵德(左)与赵伟洲(右)

去何从你自己拿主意,如要决定改行你就要有比常人付出双倍的努力,因为只有这么做才能出成绩。"

后来,还是市里的文化主管领导坚定了贵德的信心,并热心地"包办"了一切调动手续。虽然贵德受家庭熏陶,从小也学过相声,这些年又经常参加许多联欢演出,可常宝霆和贵德说,作为一名专业相声演员,这远远是不够的。这样他在1985年调入天津市曲艺团后确实下了比平常人还多几倍的功夫。而且扬长避短,发挥自己的特点。功夫不负有心人,他与赵伟洲合作,创作了《漫谈生行》,一下子就火了,而且参加全国大赛,获得了侯宝林金像奖。这个作品就是发挥了他的长项,在相声的技巧上也驾轻就熟，得到了业内业外的非常好的评价。继而他又和父亲常宝霆创作了《听广播》，与原先的《听广播》完全不一样，但被业内誉为又看到60年代常宝霆的《听广播》，效果也挺好。后来，他根据当时人们喜爱流行歌曲的状况，又创作了《我爱歌曲》，这个相声演到哪儿火到哪儿。有一次，北京电视台邀这个节目上春节晚会，并提出由其父捧哏，非常火。导演高兴，业内奉承，贵德也挺得意，觉得父亲得表扬他，结果下场以后，父亲什么都没说。贵德想引起父亲表扬，便说："爸爸，今天这效果不错吧？"没想到爸爸说了两字："不行！"常宝霆严肃地跟他说："效果是不错，但你唱这些歌儿不行！观众的掌声是因为你嗓子好，不是因为你相声说得好。除了返场唱郭颂的《新货郎》还可以，流行歌曲没唱出味道，不能只靠戏校里学的东西。"在父亲的严格要求下，贵德回津以后买了好多流行歌曲磁带，反复听，反复练。尤其是模仿当时的"情歌王子"费玉清，他每天反复练习，直到有人说"闭着眼听，你就是费玉清"他才满意。后来他到老山前线去慰问演出，再表演《我爱歌曲》时，连专业唱歌的都服气。常贵德因业务精湛，各项工作表现突出，被评为市级非物质文化遗产继承人。令人非常遗憾和惋惜的，也是常宝霆先生生前没有想到的是，在常宝霆先生2015年1月4日故去后的第9个月，常贵德也英年早逝了。2015年5月查出患了肝癌，手术很成功，肝切除百分之五十，出院时切除的肝脏已经再生长满，常贵德当时精神饱满，笑着和前去看望他的人说："我逃离医院啦！"但是因为大病初愈，免疫力低下，患了间质性肺炎没有重视，而蔓延到90%以上的肺功能受损，抢救无效故去了，享年65岁。相声界为痛失一位英才而无比悲痛。

4.永远的掌声

2014年初常宝霆与徒弟王佩元商量，要了去他的一桩心事，就是他一生的搭档白全福曾托付他让他把其子白金城收为徒弟，还有相声同僚于世魁（其子于浮生）、于连仲（其子于雷）也曾多次表示要把儿子送于他的门下，还有耿殿生、张志田两个追随他多年的老相声演员收为徒弟。他说："我收徒不多，我总觉得当今社会应该博采众长，可这几年相声讲师承、讲门庭比讲功夫、讲水平还厉害，还是给这些门里子弟一个师承，让他们在为相声努力时踏实些。"还半"砸挂"地说："我日后到了那边见着我白三哥也有个交代！"这朴实真挚的想法让他的徒弟和子女们非常感动。

2014年5月23日，天津滨湖剧院座无虚席，常宝霆先生的一幅大型剧照暨书有"四世同堂"四个大字的条幅竖立台上。这一天，常先生携徒子徒孙们在这里举行收徒仪式暨庆贺演出。演出开始之前，坐在观众席里的常宝霆的三女儿听邻座几个天津老观众在下边议论："老没见常三爷了，就是想见他一面。""我就爱听他那段学刘翠霞评

174

剧《打狗劝夫》。"那个说："三蘑菇还是《山东二簧》好听。"
"我爱听他的《扒马褂儿》。"当晚辈们簇拥着常宝霆和夫人
余长敏走上台时，观众席中爆发出热烈的掌声！大病初愈
的常宝霆见观众这么热情，极力挺起他因患肺气肿而蜷缩
了的身体，努力报以观众灿烂的笑容。只见他走近麦克风，
竭尽全力地对观众大声说："谢谢你们！谢谢大家！"观众又
回报了热烈的掌声，台下的三女儿贵芹已经泪流满面！事
后常先生说，这一生得到了太多的掌声，而那一刻他却想
起了9岁第一次登台时天津观众给予的掌声……这是常
宝霆先生最后一次在台上接受属于他的掌声！最后一次
在属于他的舞台上对他所热爱的观众说"谢谢"！

# 第四章 魅力人生

## 一、烁烁的钻石婚姻

### 1.庆典

2007 年 7 月的一天，位于天津河西区梅江的大岛酒楼张灯结彩、高朋满座。常宝霆、余长敏结婚 60 周年钻石婚的庆典活动在此举行！徒弟王佩元担当主持。从小与常宝霆一起长大的杨少华、苏文茂来得最早。一个喊

金婚庆典

着"三哥、三嫂",一个喊着"三爹、三婶","给您道喜来啦!"他们还回忆起小时候的许多趣事和60年前的婚礼情景。在庆典活动中苏文茂先生还"砸"了这样一个"挂",他说:"人们都在夸常宝霆为人作艺怎么怎么好,事业、家庭怎么怎么完美,而我只看他一点:我三爹这人啊,一辈子没换过搭档,一辈子没换过媳妇!"这个"包袱儿"获得在座所有人的掌声,而且寓意深刻,凸显出常宝霆的艺德和为人。

2.相声之外的喜悦

常宝霆从18岁结婚到2015年去世,和老伴余长敏在风风雨雨中走过了68年,他们育有7个子女,五女二男。常宝霆的老伴说:"那个时候,最时兴生五男二女,我们生了个相反的数,为这个我总遗憾,可就有一个时期我可高兴了,那就是三年困难时期,闺女们都吃得少,让我们为粮食少操了不少的心。"说着还提起那时候长子常贵德正在天津戏曲学校上学,学校伙食不好,饿得每个周末回家就找吃的。一天,回来看见桌上有一碗热腾腾的吃的,没顾上拿筷子,端起来用手抓着就吃,边吃边喊:"妈,您做的这是什么呀,怎么不好吃呢?"常夫人跑过来一看哭笑不得,赶紧抢过儿子手里边的碗说:"我养了两只鸡,这是鸡食!"

常宝霆虽然在天津市曲艺团属高工资,文艺四级,但他的生活水平赶不上一般演员。当时没有什么"加班费"

"演出补贴"一说,家中人口多、负担重,但每月他都要拿出工资的三分之一以上赡养自己的父母和岳父、岳母,因为他夫人是独生女,岳父、岳母没有工资收入,吃、穿、用、看病住院一切费用都由他负责,一直到岳父、岳母八九十岁时为他们送终,都是他在操持。同时,还要资助两个妹妹上大学,帮助收入低、孩子多的姐姐,探望自己的大嫂,等等。他自己有七个子女,连送幼儿园也送不起,为了省钱,就由姥爷、姥姥带或大的带小的,孩子们的棉袄棉裤等衣服也基本上是自己做,然后弟弟、妹妹们穿哥哥、姐姐们的,一屉倒一屉。

常夫人是个非常随和没有脾气的人,怎么教育子女、怎么安排子女,一般都是常宝霆的事,这个爱操心的父亲对子女的要求不亚于他们的爷爷常连安,非常严格。自己演出和创作再忙,也从未忽视对子女的教育,在家风、家规和儿女的成长上可谓倾尽了心血。他常教育子女的话就是:"别人可以对不起你,可你不能对不起别人!""什么时候都别丢了正气和正事!"他教育孩子们从小做事就得讲认真负责,别嫌麻烦,孩子们听得最多的、也是最为受益的父亲的家训就是:"记住,做任何事千万别图省事,省事就是费事!"到现在他们的子女还把这句话作为教育下一代的座右铭。让常宝霆感到安慰和高兴的是,七个子女,个个努力上进,立业成才:大女儿常贵荣从小进戏校,学彩旦,后分配到前进京剧团,一度做生意,现在美国发展;行二的是儿子常贵德，也是在天津戏校专功小生，毕业后在天津市京剧二团和尚明珠搭档，小有名气，后来继承父业，调到天津市曲艺团做相声演员，那时候他送给父母的礼物是，他创作的《漫谈生行》获得全国相声大赛"侯宝林金像奖"、为市级非物质遗产（相声）传承人；二女儿常贵芬在北京是一名业务很强的专业会计；三女儿常贵芹和五女儿常贵菊是著名魔术表演艺术家陈鸿章、郭瑛的弟子，贵芹以变魔术专业当兵入伍，一直在部队从事业务工作，贵菊是天津市杂技团魔术演员，曾在电影《东方大魔王》担任主角，后在美国读书，大学毕业后，在好莱坞拍摄电影《喜福会》，现为旅美作家，从事幼儿读物出版工作，并经常在美国搞魔术专场；六女儿常贵芳在天津市演出公司工作；最小的儿子常贵强毕业于天津美术院，现也在美国发展，他和姐姐贵菊合作出版的传播中国文化的儿童图画读物被美国国家图书馆收藏。常宝霆晚年因身体不好，到美国子女们那里修养期间了解了美国的世界名校，希望他的第三代能成为国际型人才。所以他的第三代在他的关注下大都毕业于国际名校，全都成为有用之才，工作在国内和国外的各个岗位上，都是在社会上积极努力，正派上进的人。

孩子们都成长起来了，这使常宝霆聊以自慰。因为这是他除了相声事业之外的又一成果。

3.家庭招待所

常宝霆热情好客，熟悉他的人都知道他经常请客。常宝霆请客大都是在自己家，一是为了节省开支，二是有家庭温馨感，许多相声演员也都愿意去他家，说话"砸挂"都很方便。常宝霆的爱人余长敏是独生女儿，出生于书香门第，不会做饭，为了应付请客买了好几本菜谱照着做，岳父、岳母也手把手地教。

常先生的请客有"三多"。一是被请的对象多，凡是说相声的、找他学习、去曲艺团学习的，不论是老艺术家还是学员，他都请吃一顿饭。尤其是搞创作的、对活的，必定要在他家吃饭。还有他深入生活所去过的农村、工厂的朋友，交往都特别好，凡是来看他的一定挽留吃饭。除此之外，他还会把天津市曲艺团中捡场的、电工、木工、食堂做饭的、烧锅炉的……每年都请到家中吃一次饭，向他们道辛苦。

二是服务人员多，就是常贵荣、常贵德、常贵芬、常贵芹、常贵菊、常贵芳、常贵强，七个子女个个都是服务员。谁在家谁跑堂，全在家全是跑堂、刷锅洗碗的，谁也不能上桌。

三是饭菜花样多，常先生说："我们家有个特级厨师，周围还有不少特色菜。"为了对付家里的请客，常夫人没少下功夫。有一次，常夫人从菜谱上看到一道"细卤明骨"的菜，明骨是一种特殊的海鱼脆骨，胶原蛋白含量很高，她觉得新鲜又有营养，便按着书上提示的要领，将鱼骨用水发了，"细卤"得用鸡汤，放金华火腿末、干贝、鸡丁等，和发好的明骨一起大火熬、小火炖……别提多费事了。做好了之后端到桌上,夫人说:"宝霆,赶紧趁热尝尝!这道菜甭提多费劲了,它营养价值可了不得!"常宝霆夹起一筷子鱼骨,往嘴里一放:"嗯……不错!这菜叫什么?"他爱人说:"叫细卤明骨,怎么样?"常宝霆笑着说:"我看得改名。""叫什么?""叫细卤鳔胶,把我上下牙都黏一块了。"原来是这明骨没发透,黏性太大了!

日久天长,常夫人练了一手的好菜。大家都知道常家有三样"常氏私家菜":一是红烧肉,二是烹大虾,三是栗子烧白菜。所有到他家吃饭的都说这三个菜好吃,到后来他们家的子女都会这三个拿手菜了,又被称为"家族菜"。有时候来的人多,或来不及做菜。常宝霆就让家中的子女去附近菜馆端菜,现在他的孩子们还都记得从哪几家饭店端菜,端的是什么菜。因他们家住滨江道树德里,所以经常去的饭馆和端的菜是和平餐厅的罐焖鸡、罐焖牛肉、奶油杂拌儿,还有周家食堂的古老肉、红叶餐厅的叉烧包……然后拿着壶去和平餐厅打散装啤酒。

常宝霆的家宴给他的朋友、同人们留下了深刻的印象。

## 二、高风亮节的人格

常宝霆是文艺四级,属于国家高级知识分子,可以享有许多高知的特殊待遇,但他因公出门或演出、深入生活,从不提任何条件,当组织上按规定给他买火车软卧、飞机头等舱时,他也都让给比自己大的白全福或上年纪的老艺人。那时天津市曲艺团只有一辆"嘎司"敞篷汽车,上车时他抢先坐敞篷车上边,将副驾驶座让给上岁数的。上大轿车都是往后坐,照相往边上站。

他不卑不亢,热情待人,不分高低贵贱,上至政府官员、下至扫地大爷,他一律一视同仁、谦虚礼让。有人评价常宝霆的为人是典型的"温、良、恭、俭、让"。家里的孩子们说:"我爸爸是百分之百的布尔什维克!"他认为:自己作为一名共产党员,不管是在工作上还是生活上,都要按党员标准要求自己,他不但让方便于人,而且,身体不好从没有麻烦过组织和同事们,更没耽误过下基层、去一线,从没有请过假。拼命搞创作,坚持深入生活,所有艰苦的演出任务他都抢在前头。

他公平仗义、心地善良,业内人都说:"常宝霆一生中除了艺术的高水平难得,在为人处事上更有'两个难得':一个是自9岁从艺起,一生中经历过这么多场合、接触过这么多人,没听说他与任何人发生过矛盾、吵过架、红过脸,尤其是在艺人成群,山头、流派、师承、文人相轻的氛围中,没有人说他不好,真是太难得了!第二个难得,他是一个要求上进的人,可是在所有的政治运动中,如"反霸""反右""四清""文革"等运动中,他从没有说过任何违心话、没办过任何违心事,没有用不实语言伤害过任何人。在相声业内,他的艺术、资历、辈分、影响、地位都很高,但他从不摆架子、充大辈儿。

还有常先生对待观众非常热情，从不拿自己当大蔓儿，对一些老观众和他体验生活时认识的师傅、老乡们，几十年如一日，见面热情地和他们打招呼。一次在天津郊区演出，开场前，常宝霆先生手里拿着票站在门口等人，一会儿来了七八个老乡打扮的人，常先生热情地迎上去，领着他们进入剧场，并对剧场人员说"这都是我的亲戚"，使老乡们非常感动。还有一次，一位自称是拖拉机厂工人的人，是个相声迷，生活遇到困难，打听到常宝霆热心助人，便找上门诉说困难，常宝霆凭阅历和社会经验判断，此人是真遇到了困难，便二话不说，掏出了40元钱捐助给他，当时这40元钱可是一位普通工人一个月的工资啊！当时常先生的二女儿贵芬在旁边说："爸爸，你也不认识他，为什么给他钱？"常先生说："这相声迷遇到困难，咱这说相声的不就得帮吗！"

## 三、与相声同人的故事

### 1.真心相待白三哥

常宝霆与白全福在半个世纪的合作中，建立了深厚的感情。这里面既有白全福的厚道，更有常宝霆的真心。所有熟悉他们二位的人全知道，每年的大年初一上午九点，常宝霆都是准点到白全福家拜年，看望常年与他默契合作的三哥和三嫂以及侄子、侄女，这件事听着似乎简单，但从他们合作开始,一直到 1993 年白全福故去,整整五十年啊!尤其是在过去,都说捧哏的是伺候逗哏的。在旧社会,没人看得起捧哏的,演出收入,捧哏的拿多少全靠逗哏的赏,逗哏的收入多少钱,捧哏的不能问。在改革开放初期,这种情况表现得更甚,有的捧逗之间是四六、三七、二八分账,即逗哏的拿的多,如四六分账,就是逗哏的拿百分之六十、捧哏的拿百分之四十,以此类推,甚至有的"大蔓儿"与捧哏的一九分账,捧哏的才拿百分之十。可常宝霆与白全福都是"刀切账",即各拿百分之五十。常宝霆在这点上从来没有算计过,而且上哪去演、去不去、人家给多少钱,他都尊重白全福的意见。白全福也特别信任和依靠他,白全福没有什么文化,又不会算账,挂在嘴边的一句话是"我听宝霆的"。后来,有曲艺团的小孩总和他开玩笑:"白大爷,您得交钱了。""交什么钱?""为灾区捐款。""我听宝霆的。""白大爷,这饭钱人家管,啤酒钱您得交。""啊?我听宝霆的。"没有常宝霆的话,小孩们谁也甭想从白大爷手里骗钱买吃买喝。

常宝霆的话不但白先生信,白先生一家人都信。所以白全福就让常宝霆帮他编善意的瞎话骗自己老伴。他老伴是旧社会过来的人,过去,白夫人有白全福和公公"小云里飞"在北京天桥"撂地",出去就有钱。和"三蘑菇"常宝霆搭档,场次多,挣的也不少,随着花,随着进钱。所以花习惯了,花钱从来不计划。后来实行月薪制,白全福领完工资交给她,没几天就花完了,而且老伴没工作,孩子又多,怎么让她计划着花也没用。白全福便想了一个办法,每月发工资给老伴一半,那一半存常宝霆那儿。当他把一半工资给老伴时,老伴说:"怎么这么少?""对!我们改半个月一发工资了。""是吗?""不信,你问宝霆去!"白夫人一问,常宝霆说:"没错!新制度。"这哥儿俩一配合,白嫂子不计划也不行了。

白全福的儿子白金城是常宝霆的弟子,他曾写过这样一段话:"师父不但在艺术、人品上值得称颂,而且在生活中也是值得我们学习的细心人。我父亲到老年后身体不太好,每次出门演出,师父对我父亲的照顾无论从哪方面都能做到无微不至。吃的怎样?穿的多少?这些话总是挂在嘴边上。有时候演出地点的住宿条件比较差,为了照顾父亲,师父就连水房和卫生间的地点都替父亲打听清楚。就因为师父是这样的作为,所以不管是到什么地方去演出,我们全家对父亲都是一百个放心。"

就像白金成说的,常先生这几十年出外演出,年轻时总是帮助白三哥拿行李,上岁数后,每次出门前,常宝霆总得先安排、指定好谁负责拿白大爷的行李,他才放心。这点曲艺团里的年轻人都清楚。后来白先生因为年龄大了,外出需要用的东西多,行李比较沉,常先生首先让九弟常宝丰负责白先生的东西,剩余的交与别人。常先生威信高,分配到谁帮助拿,谁都没有怨言,并积极主动地完成任务。

在演出上，常先生也是尽量照顾年龄大的白三哥。

王祥麟讲过这样一个故事：《拉洋片》是常、白二位先生经常上演的节目。他们在这段相声快到底时，有个别开生面的处理，常先生在追打白先生时打空了，借着惯性，翻了个前毛（体操称之为前滚翻），而同时白全福先生翻了一个后毛（后滚翻），之后俩人同步站起用手一指对方，对视一笑。常的潜台词是："怎么让你跑了"！而白内心在说："你还想打我，我多机灵啊！让我跑了！"他们二人配合严实，好像京剧《三岔口》的刘利华和任堂惠，每当演到这儿准是满堂彩！

有一次，赶上了三伏天，他们二位在新中央戏院演出这段时，当常先生"前毛"翻过去了，用手一指乙，却看到白全福先生还没翻过去，撅着个屁股在用力，当然台下该有的效果就都没了！下台之后常先生就问："三哥您今天怎么了？"白先生正在脱大褂儿，用手一指他里边穿的小褂儿"老三你看！"常先生看到白先生的小褂儿、裤子、连大褂儿都湿透了！也难怪，白先生人胖爱出汗，这段相声又折腾了半天，可不衣服都沾到身上了嘛！这个后毛就慢了好几拍！从这以后常先生为了照顾白先生，再也不在夏天演《拉洋片》了。

白全福晚年耳朵聋了，当时助听器的质量不过关，平时在台下他戴着助听器别人大声嚷，他都听不清，有时候年轻人和他逗："白大爷！您怎么戴着助听器还听不见呀？"他说："那好！你们做什么坏事我都听不见。"可是他俩照样登台，常宝霆一张嘴，白全福就知道他说什么；白老万一搭错了话，常先生就能用"现挂"给找回来，严丝合缝不露破绽，观众压根儿想不到捧哏的耳聋，被知情人称为奇迹。别人都认为，达到这个效果是他俩合作几十年太熟悉、太默契了。实际上除了多年的熟悉和默契以外，一段新活练下来要付出他们过去几倍的时间和努力。有一张在常先生家中白先生全神贯注伸着耳朵听常先生认真说新段子的照片，两人的神情道出了他们当时的努力。常宝霆不厌其烦，没听清，再说一遍，一句一句地耐心说给白先生，白先生也加倍努力不放弃。有时候一排练就是几个小时，口干舌燥，常先生"砸挂"说："这辛苦劲儿不亚于小时候练贯口。"这时白先生就拿助听器"砸挂"："这破玩意儿，该听到的一句也听不到，不该听的全听见了。"有朋友劝常先生："白先生也七十多了，别费劲了，换个搭档吧。"常先生说："不能换！白三哥那么爱舞台，相声就是他的命呀！"在赴美演出前，有人曾质疑："白先生的身体和耳聋能适应吗？"常宝霆坚决地回答："没问题！我照顾他！有事我负责。"他觉得赴美演出机会难得，不能把白三哥拉下！他们从1942年开始合作，一直到1993年白全福先生去世为止，常、白二位的情谊之深、合作时间之长、配合之默契均为相声界所罕见。

常宝霆非常重感情，自从没了白三哥，加上自己身体多病,也就很少上台了。和记者聊天的时候,他曾经说过:"白先生大我 10 岁,他人很好,找个好搭档不容易,人老了恋旧,不想换了。"

最为感人的是 2012 年,常宝霆荣获全国曲艺牡丹奖"终身成就奖",面对现场和全国电视观众,他的获奖感言是:"这一刻我最想念的就是我的搭档白全福先生,如果他还在,我们一起来领这个奖该多好啊!"这句话道出了两人五十余年无论是在舞台上还是在生活中的情谊,也感动了数万观众。难得有这样终身亲密不可分的搭档,难得有这样有境界的常宝霆!

2.让房给苏文茂

苏文茂先生与他同龄,因是他大哥常宝堃的入室弟子,自学徒开始就吃住在他们家,按辈分是他徒侄。按年龄苏文茂比常宝霆还大 10 个月,他对常宝霆非常尊重,从来都是恭恭敬敬地喊"三叔"。可常宝霆从来没有拿他当小辈儿,从不指使他干活或对他吆五喝六,就像一起长大的兄弟。1951 年,常宝霆自己的独立家庭从北京迁到天津,刚到天津没有钱买房,他和爱人就租住在南市一家叫"福安"的旅舍。后来,组织上按级别和常家的影响,分给他和平区哈尔滨道树德里一号二楼两间半住房。当时,常宝霆已有三个子女,还有帮助他们照顾孩子的岳父、岳母,两间半住房也不算宽敞,可是,常宝霆见到同时来津的苏文茂没有房子住,他深知租房住的不便,就腾出一间让给苏文茂,让自己的子女们睡地板,并教育自己的子女要像尊重他一样尊重苏文茂。所以,两家的孩子也像兄弟姐妹一样,在一起玩耍长大。常家的孩子嘴里喊着"文茂哥",心里却都敬他为长辈。而这个叔叔一样的"文茂哥"对于常家大大小小的事情一直都倾心尽力。

3.为近邻马三爷换"门神"

马三立是常宝霆的长辈,是和常连安一起相互帮衬着从旧社会走过来的相声艺人。常家的几次相声专场,马三爷都前来助场。一次请他在开场前讲话,他说道:"'小蘑菇'红的时候总是在场上替他们这些前辈艺人捧场,比如什么'马三爷能耐怎么大,相声说的他哪点比不了'等等。那时候'小蘑菇'影响大,老艺人们都感激他。"马三爷说:"今天我来助场也是对'小蘑菇'的回报。"常宝霆的四弟常宝华和九弟常宝丰都是马三爷的徒弟。常、马两家走得很近,可是走得最近的还是常宝霆。他们不但都在天津市曲艺团工作,改革开放后,天津市文化局给老艺术家、老高级知识分子专门建了"高知"住房,取名"科艺里"。常宝霆和马三爷他们一起搬到那里,住楼上楼下。这爷儿俩几乎天天串门聊天。尤其是在相声几乎变成小品那个时期,他们经常召开二人"研讨会"。一天马三爷上楼串门,说:"宝霆啊,现在这相声我全不懂了,如果有相声大赛让我当评委,我全给一万分!"常宝霆说:"您要都给一万分,我们不都得给亿万分呀!"说得两个人都乐了。那年春节,马三爷没来串门,上了楼也不进门,常宝霆挺纳闷,马三爷笑着说:"你们家那'门神'我接受不了!"原来常宝霆夫人为了吉祥,过节在门上贴了两个"肥猪拱门",把回族的马三立挡在门外了! 常宝霆马上和家里人说:"为了马三爷,咱这'门神'赶紧换了!"这以后,常家再过节,"门神"就改了"金马驹"了!

### 4.代侯宝林授艺后人

侯宝林和常宝霆都属蛇,侯先生大他一轮。常宝霆从小就爱听侯先生的相声,喜欢他在台上的那种气势和嗓音。那时候,常家和侯家在北京西单附近住得非常近,两家的孩子、大人总在一起聚。侯太太尤其喜欢小时候的"三蘑菇",所以"三蘑菇""四蘑菇"结婚时,她不辞辛苦地给他们当娶亲太太。刚刚解放时,当常宝霆被业内、业外与侯宝林等人列为同代的相声名家时,常宝霆说:"我一直拿侯先生当长辈,侯先生相声艺术的成熟和造诣是我一直学习和非常尊重的榜样。"而侯先生也说过:"有的'活'我使不过常、白,《大审》我就使不过他,同行们谁也使不过他。所以我不演《大审》。"侯先生的三儿子侯耀文刚说相声时,一次来天津到常先生家里说:"三爹,我想学传统相声,我爸爸说让我来找您。"常先生说:"你爸爸是相声界的大旗,活路正、漂亮,有你爸爸说活,用不到我们。"侯耀文说:"三爹,您不知道,我让我爸爸看看我说的哪不行,他老人家就一句话:'哪不行?哪都不行!'就打发我了!"常先生听了笑着说:"那好吧,你想学哪段?"所以,侯耀文有些活是常先生给说的。而侯耀文每来天津必定到常宝霆家来探望常三爹。

5.提携帮衬师弟杨少华

杨少华在多次被采访中都说:"没有常家就没有我,没有宝霆师哥也没有我。启明茶社那会儿他最火,是大名角儿,我与他相差得太多了,可他一直拿我当兄弟。"他在一篇文章中还说:"常宝霆师哥长我几岁,但在我的心目中他是一位长者,一位严师,一位让人尊重的好朋友。我们交往几十年,一句话:师哥家的事没有我不知道的,我们家的事也没有他不了解的……在过去的几十年,我到师哥家那不是天天点卯也是隔三岔五。师哥最爱吃我做的泡菜,所以我只要登门必带精品一兜。当然师哥也从没亏待过我,除了我们说说'包袱儿',吃饭时桌子上也从没少过我爱吃的软炸虾仁。"

杨少华是 1932 年生人,比常宝霆小 3 岁。他出身贫寒,由其姐姐关照他。在杨少华 12 岁时,姐姐通过朋友将他介绍到启明茶社当伙计,负责扫地打水,协助艺人"打钱",晚上睡觉连个被子都没有,只能演出结束打扫完园子,将几条长板凳拼一起当床睡觉,冬天天凉,便把棉布门帘摘下来,拆下门帘上的竹板盖在身上,个别艺人还欺负他。有一次一位演员的母亲让他去买面,回来后说找的零钱不够,伸手就给他一个大嘴巴。常宝霆虽然那时已经成

"角儿",但从不盛气凌人。因为岁数也相仿,便经常关照他。常宝霆挣得多,穿衣服漂亮,杨少华跟他个头差不多,经常借他衣服穿。有一次,常宝霆买了一副刚刚时兴的茶色眼镜,杨少华想戴,常宝霆没舍得给他。杨少华就瞄着,等常宝霆上场了,拿起那眼镜戴上过瘾,结果不知怎么一鼓捣,眼镜腿折了。常宝霆在场上看见了戴他眼镜的杨少华,下场就发现眼镜腿折了,气得他满园子追着杨少华算账。杨少华从小鬼点子多,在启明茶社每天就喜欢去"打钱",不喜欢扫地。因为"打钱"交柜时难免剩下一两个零钱就赏他了,扫地可是又脏又累的活。

有一天杨少华在静场后扫地的时候发现了一个黑色的提包,他打开一看里边有一些杂物和一个装有钱的钱包,杨少华拿着包找到常宝霆:"三哥,我捡了一个包,里边有钱!""那你收好,等人家回来找时好还人家。"结果一连等了三天,没人来找。第四天,常宝霆看见杨少华穿了件漂亮的新毛坎肩,正在那和启明茶社学艺的几个小孩"洋气",常宝霆问他:"这是谁的坎肩?"杨少华凑过来,在常宝霆耳边说:"那包没有人来要,用里边钱买的!这坎肩好看吧!"大他几岁的常宝霆哭笑不得。后来,常宝霆还调侃着说:"打那起,少华就爱上扫地了!"那时候常宝霆总和杨少华说:"你每天尽量多听'活',你得说相声,否则没有出头之日!"杨少华说:"三哥为了让我学说相声,主动给我说活,第一段活说的是《大保镖》,看着他们平常说时挺简单的，一学才知道，说好了真难哪！""比扫地难多了！"后来杨少华拜师郭荣起，成了常宝霆的亲师弟。杨少华说，新中国成立后，他们都到了天津，杨少华加入了天津市南开区相声队。由于孩子多、老伴没工作，家里生活比较困难，常宝霆也一直关照他，让他到自己家改善生活，甚至连常宝霆的母亲有时都带着岁数还小的常宝丰到他家送钱、送粮。

杨少华也非常聪明，在启明茶社期间，听活学艺，获益匪浅。现在有人说杨少华"砸挂"好，说他是"无处不挂、无事不挂、无人不挂（谁都能拿他砸挂、他也和谁都砸挂）、无挂不响、挂挂见功底"，这都与他在启明茶社的经历有关。后来，杨少华便用"嘎点子"砸挂找乐儿，惹了众怒，又是常宝霆给平息了。这段趣闻说起来还特别哏儿。

20世纪70年代末，杨少华调到了天津市曲艺团。正赶上常宝霆带队去北京演出，没有杨少华的演出，他也跟着上北京去玩儿。那天常宝霆刚进长安戏院的后台，杨少华就找他告状："三哥，他们一帮人欺侮我。"常宝霆便问："怎么回事？"杨少华便说："有马志存、王鸣禄，他们好几个人在我一进后台时，就拽我、推我。"常宝霆心想，他们都是晚辈呀，怎么能这样呢？便对杨少华说："我了解了解。"然后就都准备演出啦。

散戏后，大家都回北京市文化局在南池子的招待所了，常宝霆对杨少华告状的事很重视，一问，才明白。原来昨天晚上杨少华去京剧名家马长礼家里打牌去了，玩到了夜里三点多钟，他觉得无聊，便拿起了电话，拨通北京市文化局招待所。那时条件比较简陋，只有传达室有一部电话。杨少华拨通后说："劳驾，我有点儿急事，您帮我找一下天津市曲艺团的王鸣禄。"于是传达室值班的把熟睡中的王鸣禄叫醒了。王鸣禄吓了一跳，心想：谁半夜来电话啊？他首先想到爱人有病，是不是……赶紧跑到传达室去接电话。"喂！您是哪位？"杨少华马上说："喂？你是王佩元吗？"王鸣禄一听，心里才踏实，找错了。是不是佩元家有什么急事？赶紧去喊王佩元。王佩元也毫不怠慢，因为父亲、母亲和岳父、岳母都在自己家住着，吓得赶紧爬起来就去接电话："喂？你找谁呀？"杨少华马上说："你是侯长喜吗？"那时王佩元和侯长喜搭档，心想可能误会了，又去喊侯长喜。侯长喜跑到传达室："喂！找谁？""你是马志存吗？我找马志存！"侯长喜急忙叫醒了马志存。马志存也以为有什么急事，赶紧拿起话筒："喂，哪位？"杨少华马上说："你是常宝霆吗？"过去马志存曾多年给杨少华捧哏，他一听，就听出了杨少华的声音，气得他大嚷："杨少华，明天我收拾你！"

　　杨少华用自己想出来的招儿把大伙都弄醒了，觉得还挺美。没想到第二天晚上，几个被折腾一宿没睡的义愤填膺的"复仇"者，在长安大戏院的后台正等着杨少华呢。当杨少华得意地踏进后台时，就被狠狠地收拾了一通。常宝霆了解了情况后，哈哈一乐，也就躺下睡觉了。等睡到半夜,杨少华不敢回自己屋,怎么办呢? 便进了常宝霆房间,来到常宝霆床前,一下一下地推他。常宝霆迷迷瞪瞪地睁开眼,见杨少华面对着自己,嘴里念念有词,手里比比画画,光见嘴动不出声,脸上显出很焦急的神色,这可把他吓了一跳。杨少华之所以这么做,是因为他寻思着,如果大声叫醒他,常宝霆肯定知道自己是在捣蛋,不会理他;只有小声嘀咕,光张嘴不发声,让他不知道怎么回事,才能把他骗起来。再有人欺负他,也有人管了。常宝霆为人很负责任,看杨少华这样,一下子就惊醒了。掀开被子坐了起来,焦急地问:"少华! 你怎么啦?"杨少华还怕他醒得不彻底,继续手舞足蹈,光张嘴不出声地念叨。这时常宝霆真急了:"你到底怎么啦?"只听杨少华压低了声音,神秘兮兮地凑到常宝霆跟前说:"你吃早点吗?"气得常宝霆大骂:"昨天他们揍你啦? 哼!明儿天亮我也揍你。"

杨少华一看常宝霆醒了,屋里还有张空床,躺下就睡:"哼! 我看他们谁敢上这屋里来!"

## 四、后辈同人的反哺之举

### 1.满堂彩的中山公园音乐堂

2009 年正月初五、初六两晚,北京中山公园音乐堂里始终回荡着欢笑。一台庆贺常宝霆先生从艺七十周年暨八十大寿的相声晚会在这里举行。这场由北京市曲艺家协会主办、为老艺术家搞的庆贺活动别有一番意义。北京

八十高龄的常宝霆(中)、与常宝丰(左)、王佩元(右)表演相声
《卖布头》

曲协主席李金斗说："常宝霆先生在相声界是德高望重的老前辈,在我们心里更是真心关照我们的长辈,我们许多人都得到过您的帮助和点拨,无论做人从艺,您都是我们这些晚辈的榜样。今年是常先生八十大寿,我们一直惦记着。能为您做的就是搞一场相声晚会给您祝寿!我们就是想让您乐和乐和、让您高兴。"议题一定,要参加演出的演员争先恐后,这个说"常三叔的演出得算上我",那个说"给常三爷搞活动我参加"。李金斗发自内心的表达和相声同人们的积极热情让常宝霆和其家人非常感动,这是相声界同人们给予曾经为相声艺术做过贡献的老艺术家的一种回报,是相声界优秀传统的善举。两天的活动由李金斗牵头组织,众同仁鼎力相助,圆满成功。那次的相声

晚会由侯耀华主持，他说："今年是相声表演艺术家常宝霆先生诞辰八十周年，也是他舞台生涯七十周年的日子。常宝霆老先生从小跟着我师爷常连安说相声，近些年来身体不大好，很少上台演出。为了感谢大家几十年来对常氏相声的关心和关注，相声界特地举办了这次活动。这次的演出基本上由常氏家族的继承人、朋友以及师门中的人表演。"

第一个出场的节目是由青年演员常远、杨凯带来的传统段子《对春联》。据悉，这个节目原本安排的是常宝华、杨凯、常远的群口相声《老少趣谈》，但因身体不适，常宝华未能参加演出，他托侯耀华向现场的观众表示了歉意，并祝贺演出成功。第二个上场的是"说相声有瘾"的苏文茂。须发皆白的苏文茂在说了单口相声《长寿的秘诀》后，意犹未尽，另外又加说了一个小段子，赢得一片热烈的掌声，把剧场里的气氛推上了一个高潮。魏文华那年72岁，她与孟凡贵合作表演了相声《学大鼓》。一上台魏文华就来了一大段西河大鼓，之后，她又学唱了刘派、白派和骆派的京韵大鼓名段，让侯耀华惊呼不已："多好的嗓子，多好的精神气儿啊！"

接下来的节目分别是：常贵德、李金斗的相声《口头语》，刘洪沂、李嘉存的相声《忠义千秋》，王谦祥、李增瑞的相声《戏曲漫谈》，李伯祥、杜国芝合说的《绕口令》，常贵田、王佩元合说的《戏说国学》，师胜杰、石富宽合说的《笑口常开》。精湛的表演,诙谐的演出,引发台下笑声不断,掌声连连,气氛非常热烈。最后压轴的是群口相声《卖布头》,由常宝霆、常宝丰和王佩元合说。常宝霆老先生一亮相,立刻赢得了一个碰头彩,场上爆发出一阵阵热烈的掌声。八十岁的常宝霆那吆喝的唱腔依然带着浓郁的韵味,那潇洒的动作依旧有当年的风采,博得了满堂彩!

这是常宝霆最后一次登台演出,也是他最后一次留下身穿长衫展现艺术的身影!

2.“永不落幕”雕塑落成典礼

视常宝霆先生如师如父的快板书表演艺术家张志宽,一直热衷于为老艺术家服务。常宝霆先生逝世八个月后,

坐落于天津人文纪念公园的常宝霆雕像

在张志宽的操持、协调和运作下,以“永不落幕”为主题的常宝霆先生雕塑(高2米,花岗岩石雕)安放在天津“人文纪念公园”内,是中国雕塑艺术家景育民先生的作品,也是“人文纪念公园”第一座致力于体

现人文艺术、"文化名家塑名人"的艺术雕塑。在 2015 年 9 月 23 日，由张志宽牵头举办了相声表演艺术家常宝霆先生雕塑落成揭幕及纪念演出等系列活动。还是这些相声同人，还是不求报酬的善举，用他们的艺术展示，纪念常宝霆这位他们心中的相声大师！

张志宽是常宝霆老搭档白全福的弟子，他在接受记者采访时说："我十几岁学习曲艺的时候，正赶上常宝霆先生在当时的天津广播说唱团负责业务工作，是他安排我跟白全福先生学说相声。在我几十年的艺术生涯当中，我一直和常宝霆先生在一起，在我的思想、艺术成长甚至我的家庭私人生活方面，常先生都像我的父亲一样给我无微不至的关怀。"提起艺术，为数不多的与常宝霆先生同台演出令张志宽记忆犹新，"那是焦裕禄专场，我们俩人表演对口数来宝，歌颂焦裕禄。还有，我在大邱庄还给常先生量过一次活呢！就这一次，永生难忘！老先生的为人和艺术造诣，是我们后一代人永远要学习传承的，这样我们才能对得起在天堂的老前辈。我今年 70 周岁了，我还要继续努力奋斗，弘扬曲艺是我毕生的任务。"

赶来参加活动的师胜杰先生向记者展示了一张自己28 岁时与 52 岁的常宝霆先生的合影。师胜杰说："我们爷儿俩感情非同一般，不是师徒胜似师徒。1981 年我来天津参加调演，三叔每场都去，由于饮食出现点问题，我上吐下泻，老人家就一直揽着我，到洗手间，也不嫌脏，给我擦啊洗啊,直到今天这些场景都历历在目。三叔去世时我在美国,实在赶不回来,所以这次纪念活动无论在哪儿我都要参加。我相信我们会把相声艺术认真地传承下去,让那些已经故去的前辈艺术家的在天之灵感到欣慰!"

担任活动主持的是白岩松(中央电视台著名主持人,常宝霆先生获牡丹奖终身成就奖时就是他主持的)和常馨月(中央电视台英文频道著名双语主持人、常宝霆先生的外孙女),嘉宾主持张子健(著名影视明星,张志宽之子)。

参加纪念活动演出的有张志宽、师胜杰、石富宽、李金斗、李建华、杨少华、杨议、常贵田、王培元、李嘉存、常宝丰等,还有京剧、歌曲的穿插,最后以一组辉煌的《千手观音》舞蹈(常宝霆先生的外甥王阳带来的艺术团)作为纪念活动的结束。

整场演出体现了对常宝霆先生一生艺术成就的纪念和弘扬。

## 五、广结善缘的赞颂之音

常宝霆艺术的精湛与为人的高尚是所有人公认的,就常先生的纪念活动许多人都发表了感言,这些发自内心的话说明了人们对他的爱戴!

刘兰芳赋诗:海河扬帆万里浪、津门曲荟听说唱、群星璀璨耀眼眶、叫响争夸常、白档,空中电波频播放、神州舞台多亮相,德高艺馨桃李旺、青春幻彩永健壮!

姜昆就常先生艺术成就书写了条幅:声响津门、艺贯中华!

陈笑暇说:常宝霆先生作为资深而实至名归、德高而技艺并茂的老艺术家,在相声创作、表演、传承、辅导、研究等各个方面都很有造诣。常宝霆先生无疑是曲艺界的一面旗帜。

赵玉明说:宝霆为人实在,是一个艺术卓越的佼佼者,在常家也是有功之臣。

马增蕙说:我和宝霆是发小,舞台上他是去异求新、与时俱进的大家风范,台下他是处事热情、庄重待人。

段永祥说:我与先生因创作结下不解之缘,在十几年的交往过程中,先生视名利淡如水、待事业重如山的精神给了我潜移默化的影响,使我受益匪浅!

高玉琮:常宝霆先生是我最敬重与仰慕的相声大家之一。一是他的艺术造诣,二是他的为人,在中国的相声历史上常先生书写了辉煌的一章!

苏文茂说:常宝霆先生是一位说、学、逗、唱全才的相声表演艺术家!

李伯祥说:常先生一生笑声传遍大江南北,催桃育李花开满园!

杜国芝说:常先生德高望重,多年来对我非常关心,他的艺术与人品都给我们做出了表率!

唐杰忠说:常先生德艺双馨立新功、自幼曲园七十载,常派相声永长青!

于连仲说:常先生是蜚声曲坛、享誉全国的表演艺术家!

王学义说:常先生思想道德高贵、艺术表演高贵、人品高贵,是我们的偶像,我非常尊重他老人家!

师胜杰说:无论是作艺还是为人,三叔都是我的偶像!

石富宽说,我真想等常先生九十大寿时候再给您办场大的祝寿呀!

魏文亮说:常先生为相声艺术做出了很大的贡献!

李国胜说:常宝霆老师艺精业勤,成就斐然,后辈典范!

田连元说:一个人的潇洒飘逸是先天赐予的,一个人的正气真实是后天修炼的,两者能结为一体。这就是相声大家常宝霆!

杨志刚说:常先生为人善良、热情、慷慨、豪放,他创作的很多高品质作品为后人留下了宝贵的精神财富!

丁广泉:从小就把常先生作为我的楷模,他是曲艺文化大革新的先锋,是相声艺术的功臣,我非常喜欢这个可爱可亲的老人!

王谦祥说:老先生在我心中是泰山北斗,他的一生给我们留下很多的艺术财富!

孟凡贵说:常先生是一代宗师!是常派相声艺术的代表人物,是我的偶像,我在授课中,经常把常老的表演艺术作为教学的典范,常老的艺术与为人,永远是我们相声界的旗帜!

储存善说：常宝霆老师是我艺术人生最崇拜的偶像!

以上文字摘录于《舌治心耕》

常宝霆先生为相声事业所付出的努力和做出的贡献也得到了组织上的认可:1960 年被评为市级劳动模范,80 年代七次被推选为天津市政协委员、多次参加全国文学艺术界代表大会,1992 年被国务院批准为首批享受政府特殊津贴的艺术家,2003 年天津市曲协授予"松龄鹤寿、德艺双馨"称号,2008 年被批准为国家级非物质文化遗产（相声）代表性传承人,2012 年获中国曲艺牡丹奖终身成就奖。

# 尾 声

　　2015 年 1 月 4 日晚 8 点 10 分,一代相声大师常宝霆因病医治无效仙逝,前来吊唁、送花圈、出席遗体告别的单位和个人有天津市政协、中共天津市委宣传部、中国曲艺家协会、天津市文广局、天津市文联及刘兰芳、姜昆、常贵田、李金斗、侯耀华、杨少华、张志宽等四百余人。告别仪式在天津市第一殡仪馆举行。祭奠现场庄严沉重,按照常宝霆生前嘱托,所有仪式均要节俭进行。上午 9 点追悼会开始,常老先生遗容安详,身上覆盖着党旗。9 点 20 分来宾默哀肃立,向这位一辈子为人民带来欢笑的艺术家致敬作别。追悼会现场最感人的一幕是李金斗先生讲话的桥段,他代表北京曲艺界深情缅怀了常先生。情之所至,李金斗眼中泛起了泪光,他表示要叩头送别常三爷。说完,在嘉宾和媒体的注视下,李金斗不顾患病的身体,含着眼泪走到常宝霆先生遗体前双膝下跪,重重地磕了三个头,痛哭流涕地说:"常师爷! 我们永远忘不了您啊……"引起现场一片哭声。

　　原计划 200 人的追悼会来了有四百多人,其中有许多陌生的面孔,他们说:我们是热爱常先生的老听众,为他老人家送行来了！

现场的家属、子女、弟子及所有的来宾都热泪纵横，杨少华、杨议父子带着杨光摄制组制作了专题片，名字定为《杨氏家族为感恩而作》。

常贵德代表家人感谢社会各界对常宝霆先生的关心。最后，告别仪式的主持人说："常先生一生永远离不开观众，最欣慰的就是观众的掌声，我们再一次以掌声送给他，祈愿常先生一路走好！"

2015年9月23日上午10时，在永安公墓人文纪念公园举行了常宝霆塑像落成揭幕和骨灰安放仪式，用花岗岩雕塑的两米高的常宝霆塑像矗立在人文纪念公园。塑像的主题是"永不落幕"，孙福海先生作了祭文：

　　一代相声大师常宝霆先生，他的塑像和安葬标志着他要从这里步入天堂！所以我们说：在您离开之际，请您再看一眼您精心抚育成才的孙男弟女，再看一眼，您呕心沥血所培养起来的无数位再传弟子和徒弟！您的离去令天地动情，我们看到：今日清晨还是大雾弥漫，可当您安葬和雕塑揭幕之时却是晴空万里、风和日丽！

　　一代大师常宝霆先生，一生光明磊落，9岁登台，11岁在北京启明茶社担当主演，弱冠之年便在我们相声界享有空前的盛誉。您的艺术风格正统、正宗、脱俗、大雅！在旧社会就拒演荤段子,而且不惧国民党伤兵的恫吓威逼。新中国成立以后,我们相声将如何发展,常宝霆先生又担当起这个重要的课题,他与侯宝林、侯一尘、孙玉奎等 11 个人于 1950 年 1 月在北京成立了"相声改进小组",在老舍先生的亲自指导下,创作了 32 段新相声,为我们相声的发展开启了一片新的天地。1951 年其兄常宝堃烈士牺牲在朝鲜战场,他继承其兄的遗志,和四弟常宝华先后又都奔赴了朝鲜战场,在炮火纷飞的战场上他无所畏惧。新中国成立后,他组织、参加了由中国共产党所领导的第一个曲艺工作团体——天津市曲艺工作团,也就是天津市曲艺团的前身。在当时,新中国举办了首届戏曲会演,是由常宝霆先生首先提出戏曲会演为什么就不能有我们相声演员?为什么就不能有我们曲艺?就这样他组织演员和编创人员,创作了曲艺剧《新事新办》,参加了全国首届戏曲会演,并与《白毛女》《小女婿》《梁山伯与祝英台》等共同都获得了大奖。这是我们曲艺工作者第一次在新中国的舞台上获得的荣誉。同时也为我们奠定了一个曲种——就是曲艺剧。

在 50 年代,常氏相声在中国的相声发展史上有着浓墨重彩的一笔,常宝霆先生一直为"常氏"这面大旗增光添彩。在"文革"开始以后,相声几乎被赶下舞台,1972 年他组织朱学颖和他自己的弟子王佩元共同创作了相声《挖宝》，让相声这个曲种又有了新的生命活力。

艺以德为本，常宝霆先生是新中国成立以后我们天津相声界为数不多的两名高级知识分子之一，一位是他，一位是马三立。他是文艺四级、马三立是文艺三级。即便如此，他不拿自己当高级知识分子，而是以普通党员的标准来要求自己，让自己的境界、水平、责任、意识体现在他的工作和生活当中的一点一滴。在坐车时，他把最好的位置留给别人；在照相时，他自己永远是选择在最后一排站立。记得天津市曲艺团1981年要选出一名副团长，他本身就是德高望重又追求进步，但他不推荐自己，而首先提出并与马三立、骆玉笙一起把我推上了曲艺团副团长的岗位。之后在我主持天津市曲艺团工作期间，又是他作为我的坚强后盾，以艺委会主任的身份，对我的工作给予帮助、支持、鞭策和鼓励。常宝霆的一生是值得我们学习的一生。常宝霆的一生桃李满园、悉心传艺。今天，他塑像的矗立，就说明他永远活在我们心中；今天他塑像的矗立，也说明他永远和我们在一起！

塑像落成后，京、津诸多相声演员举行了"永不落幕"专题晚会。是的，常宝霆先生一生的辉煌永远没有落幕，常氏相声永远也不会落幕！

# 父亲走了

常贵芹

父亲真的走了！想到这儿心就会痛，泪就会不由自主地涌出来。清明到了，万物回春，亲爱的父亲却再也回不到我们身边了！

父亲走了！一位高风亮节的艺术家倒下了！一座父亲的高山轰塌了！带着他对相声艺术的终身成就、带着他对相声艺术的遗憾、带着他对爱人和亲人的眷恋，也带着所有人对他深深的爱戴走了！回想那天从各地赶来吊唁的人，络绎不绝，充满哀思的鲜花布遍了灵堂和院落，几百人的追悼会大部分都是不请自来，里边还有许多喜爱他的热心观众！

今天，在这行人断肠的清明，我以心为炉，捻泪成香，祭奠我们平凡而伟大的父亲——相声表演艺术家常宝霆！

2015 年 1 月 4 日我终生难忘，父亲病重的第六天，没有气力说话，却紧紧地握了我们每个人的手，用您那炯炯有神的眼睛和我们交流，使劲地点头。当时我们都认为是告诉我们您对战胜自己疾病的信心，但是几个小时后您却撒手人寰！那一刻，我们期盼着起死回生的奇迹，却偏偏感觉到了无力回天的绝望！经历了撕心裂肺的切肤之痛，我们明白了您那有力的双手和炯炯的目光是对我们倾诉您所有的不舍、嘱托、叮咛、遗憾和期望！

生于 1929 年腊月初五（阳历 1930 年 1 月 4 日），逝于 2015 年 1 月 4 日，不凡的您选择了整寿。

您的一生只有奉献，没有索取。9 岁就登台表演相声的您，从小成名却谦恭一生。您把自己毕生的精力实实在在地奉献给了社会、奉献给了艺术、奉献给了观众、奉献给了家庭和亲人！过早的操劳使您十几岁就染有肺病和胃病，从我记事起，就看着您每天用手顶住胃部止痛，您的腹部被生生地顶出来的一块瘀青，我还记忆犹新。儿时的记忆，除了您忍痛的姿势，就是您忙碌的身影：剧场演出、外地演出、下乡演出、给部队演出、到工厂演出、到工地演出、到军舰演出，去朝鲜战场、福建前线、老山前线去演出，等等，小到给几个人、大到给几十万人演出，您都是认真对待，一丝不苟。要不就是从事相声创作、和一些作者和相声演员一起在家中讨论相声创作，为相声创作，去农村、工厂，到各行各业去体验生活，几十年如一日。

您是个有名的孝子，兄弟姐妹多，小叔叔比我们也大不了多少，您按时给我爷爷奶奶送钱，总惦记着哥哥姐姐和照应弟弟妹妹。您需要养活我们兄弟姐妹 7 个，妈妈没有兄弟姐妹，您非常善待由您一直赡养的岳父、岳母。从外地演出回来我们总能收到礼物,记得您从上海买来的小洋裙和小皮鞋着实让我们姐妹们兴奋了许久……为了长大了的我们的生存,教我变魔术,教妹妹唱时调,教哥哥说相声,送弟弟学美术,每个孩子您都费心安排。我们结婚生子都有您亲力亲为的操持,不能忘记我生孩子时就是您推着自行车满头大汗地把我送到妇产科医院,又跑到邮局去给我在部队的爱人报喜讯。您还开玩笑地说:"就是我这一溜小跑保得这军人和小军属都平安,可得给我个拥军模范啊!"慈祥的您也是非常严厉的:您的威严让我们兄弟姐妹7人从小都规规矩矩,回想那时您总在说"只能别人对不起你,你不可以对不起别人","凡事都要认真对待,省事就是费事"等等,影响了我们子女一生。

听到过许多许多您在工作和生活中,时刻照应大10岁的搭档白全福先生和操心曲艺团那些年幼学员的业务和生活的故事。看到过您在白大爷晚年耳聋反应慢时不厌其烦大声地、一遍一遍地反复和他对活,过去,几天就拿下来的活,那时就得一个月,您累得口干舌燥却从心里心疼努力去掌握新段子的老搭档,您在领取"中国曲艺牡丹奖终身成就奖"时,对全国观众讲的就是:"我的老搭档白全福要还在,我们一起领这个奖该多好啊!"

我也时常感受到:众多已经成了名的或在相声界颇有地位的同行和相声晚辈,他们到家中探望您时那种恭恭敬敬的真诚和尊敬!我知道这缘于您对相声事业的付出和对相声晚辈的帮助和提携！

您以孱弱消瘦的身躯、博大奉献的精神，担起了艺术和生活两副重担！同时也换来了您精湛的艺术造诣、业内同行的尊敬、广大观众的热爱和亲人们的依赖！我想对您说，爸爸，您安息吧！您一生的奉献得到了组织、相声同行、晚辈、热爱艺术的人们及广大观众的高度认可！以"永不落幕"为主题，您的雕塑将永远矗立在永安公墓人文纪念公园！您鞠躬尽瘁的精神，将继续影响着您的子孙后代！您永远活在我们心中！

这是我在父亲去世当年清明节时有感而发的心声，今天有幸在与孙福海先生共同撰写的《永不落的相声大师常宝霆》中向大家倾诉！非常感谢孙福海先生多年对我父亲的关爱和为他所做的一切！

还有我特别想表达的是：在我父亲晚年因身体原因基本告别舞台渐渐淡出人们的视线、在相声圈有着浮躁的求名求利的风气时候，相声界的许多同僚和晚辈没有忘记他！他的"终身成就奖"、他的国家级非物质文化遗产传承人，是你们力争的！你们真诚地自发组织他的八十大寿、相声生涯七十年的庆典活动和他雕塑落成典礼的纪念活动，不求任何回报！还有你们每一次到家中的探望。这一切都给父亲多病的晚年带来了许多的快乐，不断点燃他心中对相声充满热爱的火焰！

在此我代表我的母亲余长敏和我们全家感谢你们

了！致：姜昆、李金斗、师胜杰、侯耀华、李伯祥、张志宽、石富宽、李建中，还有父亲的发小、总来家聊天的少华叔、李嘉存送的画、魏文亮的"福"字、杨议的专题纪念片，等等，还有天堂中的耀文哥！恕我还有许多没有提到的爱他的人们！

# 三哥所以成为相声大家

常宝华

　　光阴似箭，七八十年真是弹指一挥间。可是追忆到我和三哥的童年时代，总觉得时间是那样的漫长，这是为什么？那是因为我们当年没有享受到同龄人应该享受到的童趣，也没有享受到上学的权利，更没有像今天独生子女那样娇惯和生活的优越。那时正逢国难当头，民不聊生，我们又出生在一个贫苦艺人的家庭里。为了一大家子人能吃饱、穿暖，我们只有从童年、少年时就开始学艺。用父亲的话说："你们都要学本事赚钱养家。"所以我们每日都要坚持练功，背贯口、喊嗓子，饭后就奔启明茶社听相声、学相声、说相声、日复一日，年复一年，循环往复。

　　三哥有一副天生的好嗓子，勤学好问，悟性很高，他的进步几乎越过了所有与他年龄相仿的同龄人。尤其是有了白全福先生为三哥捧哏，他更是如鱼得水，如虎添翼，二人配合相当默契，堪称绝无仅有的黄金搭档。大家都知道北京是相声的发源地，天津是相声的发祥地。常、白恰恰先是在北京打下良好的基础，后在天津大红大紫，而后红遍大江南北。20世纪80年代常、白应邀赴美国访问演出，在纽约、旧金山、洛杉矶等地，大批的华侨观众，都是他二人青少年时代的老观众，因此，他二人受到了热烈的欢迎，演出收到了强烈的效果，反响极大。

我曾亲耳聆听过常、白二人的排练。他们对台词的要求是用"心"说，顺"嘴"流，而后再对语气、节奏、神态……甚至对一个语气词都不放过。而且，每演出完一场，到了后台，总要找找问题。如此严格的排练、严谨的演出作风，又怎么能不使节目演一场进一步、蒸蒸日上呢！几十年如一日，所以，他们的艺术已达到炉火纯青，这是必然。

我的三哥在几十年的艺术生涯中，无论是他创作的精品佳作，还是他表演的经典曲目，都深深地印在了观众的记忆中。正因为三哥有艰辛历练的七十年，才有了不平凡、辉煌的七十年。我们说常宝霆先生在相声的历史上，必将记下辉煌的一页。同时也启示着后人，对相声艺术极大的热爱，要以老实科学的态度对待，要用刻苦的精神钻研。在这诸多方面，常宝霆先生是我们的楷模。

附录三

# 三哥我爱你

常宝瑛

　　我的三哥是个可敬可爱的人，他为人正直善良，忠厚谦和。曲艺艺术伴随他的一生，他为常氏相声艺术做出了功不可没的贡献。

　　中国有个习俗，为长辈整寿庆典是庆九不庆十，这不光是长久的吉祥之意，从《易经》上讲，也是取最高奇数来换得人生长寿的美意。2009 的春节正是我三哥的吉祥之节。北京的艺术家们为了表达崇敬之心，定于大年初五、初六在中山公园的音乐大厅做专场庆典演出。得到这个信息后我半喜半忧，喜的是艺术界的同人和北京的观众没有忘记常宝霆，忧的是届时他还要参加现场演出以谢观众，可三哥他此时正患着严重的肺炎。我这个多年的主治医师心里是最清楚的，照这样的病情甭说是上台参演，就是过量活动都是不应该的。我劝阻说："三哥，咱为了健康，北京的庆祝活动您还是不去为好。"他听了立马焦急地说："那怎么行！于情于理都说不过去！"说完他长气短出地看着我，我无言以对。三哥可能看出我的为难，马上又来了个情绪大转弯，跟我调侃说："老七，这就看你的了。你这个家族保健医生又得走马上任、发光发热喽！"

我了解我的三哥。因为不管什么事，每当他考虑别人感受时是从不顾自己的。去北京这件事，我心里很明白，是根本拦不住他的。为了他的夙愿我心里盘算着该做些什么。当然是既要全力以赴又不能掉以轻心。我把三哥请到了我所在的所属医院进行全面检查，还好他除了肺部炎症其他均属正常。我安排好一切必要的治疗后以命令的口吻说："三哥，为了到北京参加庆典，您必须完全卧床休息！"

"不行！老躺着可不行，毕竟是有几年没上台了，不能让北京的老观众失望，我必须排练。"听后我真是一点办法都没有，不知道怎么对付他。

大年初二那天我到了三哥的家，例行每天为他静脉输液，并加量一些新的口服药，做北京一行的突击治疗。这时三嫂对我说："七妹，想跟你商量件事，北京你能去两天吗？"

"嫂子，您甭商量，我肯定去！"我干脆地回答着。

"那就好！有你这个主任医师我就放心了。"嫂子笑了，从她的眼神里我看到了她对我的信任。

初五的天气阳光明媚，午餐后三哥休息片刻。我们计算好津、京路程的时间，一同前往中山公园。车上我们几个陪同的人有说有笑。当然我的目光从没离开过三哥，因为保健是我的职责。这时，我发现三哥闭着眼睛嘴唇不时地动着，我急忙问他："您是哪不舒服吗？"

"不是，我是在背台词。"

"三哥，您是不是有点儿紧张？"

"那倒不会，就是老不使活了我怕不瓷实。"

我由衷地感觉这也可能就是三哥的大家风范吧！到了音乐厅，相声名家们都出来迎接，我一看：嗬！人还真不少。有常贵田、李金斗、师胜杰、石富宽、侯耀华、谦祥、增瑞、洪沂、嘉存，还有我们天津的苏文茂、李伯祥、杜国芝……简直就是笑星大聚会。大家寒暄着拥簇着我的三哥走进一个豪华的化妆单间，而后，为了保持您老人家的精力，就都退避三舍了。

我急忙拿出血压计，说："三哥，咱量量血压吧！"

"没那么娇气！老七你放心吧，我感觉良好。"趁着演出还没开始，我参观了一下舞台。嘿！布置得还真漂亮，大红的牡丹花做背景显得那么鲜明、充满活力，几丈长的大横幅上工整地写着"庆祝常宝霆先生诞辰八十周年，舞台生涯七十周年"。我再往台下偷偷望去，密密麻麻座无虚席。真没想到北京的老观众们为了一睹常宝霆的风采，老早就来到现场恭候了。说实话，在身边已经有几年没有发生让我心动的事了。面对此情此景我情不自禁地自语着：三哥，你的诚意没有付诸东流，北京的观众还在想着你！

舞台上，节目一个接一个地演着。每对笑星的出台都把祝福作为开场白，与此同时意会的观众所回复的都是热烈的掌声。当晚会进行到最后时，主持人说：我知道大家现在有一个共同的心愿，都想尽快见到常老先生的风采，那就让我们以最热烈的掌声欢迎今天的主人翁常宝霆老先生出场!"哗……"话语音未落，雷鸣般的掌声四起，响彻整个音乐厅。我看到三哥迎合着掌声、笑声神采奕奕地走到了舞台中央，这经久不息的掌声迫使他连连地向喜爱他的观众鞠躬致谢。稍后，他亲善而随和地说："老没跟大伙儿见面了，在这先给在场的各位拜个晚年儿吧!"又是雷鸣般的掌声。接下来的表演更是出乎我的预料，一个瘦弱的老人焕然一新，让我又看到了一个熟悉的舞台身影，一个神态洒脱的青年三哥! 难道这就是年已八十的耄耋之人? 是的，就是他，这就是把相声艺术当作头等大事的他，一个在舞台上永远朝气蓬勃的相声大家。

在回津的路上，车上的人都回荡在晚会的气氛中，我们说着、夸着。我猛然发现三哥却跟我们的情绪相反，静静地坐在副驾驶员的座位上，他是那么的平和。我说："三哥，您是不是累了？"

"还可以。"据我多年的经验，这"还可以"三字，我是完全领会的。他是有点累了，他的一生都太累了。他为了自己的事业，为了老人与儿女，为了家族的凝聚与昌盛，他付出的实在是太多了。看着消瘦的三哥我陷入了沉思，汽车行驶的马达声渐渐地把我带回了我童年的尘封往事……

20 世纪 40 年代中叶，我来到这个世界。在家族里我是父亲最小的爱女。记得在我 5 岁那年，要过年了，父亲给我买了一条里外三新、黑底红花的棉裤。我高兴极了,也非常珍爱它,准备等到三十晚上再穿。可没两天突然降临了一场意外,不知怎的新棉裤掉到染黑衣服的木盆里了。小红花不见了,俊俏的图案没有了,整个棉裤变得比张翼德的脸还黑。我大哭,哭得谁劝也不行,这时三哥摸着我的头说:"行了!别哭了!三哥负责再给你买一条新的,保证三十晚上穿上!"我半信半疑。第二天清晨,听说三哥到天津演出去了,年前能不能回来不知道。我一听完了,新棉裤没希望啦。想到这儿委屈的眼泪又潸然而下。

大年三十的上午全家都在为过年忙活着,这时听妈说:"老三回来啦!"我高兴地冲到院里:"三哥!"三哥二话没说:"走!老七,咱们买棉裤去。""真的三哥,我以为你忘了呐!""哪能呢,三哥说话算数。""还是三哥好!"那年的春节我比谁都高兴。打那以后在全家中三哥是我最信任的人。

上初中时,有一年一个外国首脑要到天津访问。市委交给我们学校一个任务——到机场迎宾。为了完成此任务,我们需要购买一批鼓乐,老师就把这个从购买到组织排练的任务都交给了我。我东跑西颠累得够呛。这时不知道三哥怎么知道了,推着他新买的永久牌自行车对我说:"老七,这车你骑走。这么多事呐,有它你能省点劲儿。"

"那……你呢?""你甭管了,这两天你骑着比我有价值。"二话没说我蹬上车就走了。可刚用了两天，由于车技不佳愣把车把摔断了。我想这可倒霉了，就等着挨呲儿吧！我愧疚地对三哥说："对不起三哥，车把断了。"

"没事儿！人没事就好，咱把它焊上不就接着使嘛。"三哥的回答出乎我的预料，他说的是那么轻巧。要知道那时的大链套永久车是高级消费，撞坏了它就如同现在撞了一辆奥迪。可是三哥对他的爱车并没有放在心上，而看重的是我这个小七妹。

三哥是个大孝子，他是我们所有兄弟姐妹的表率。母亲在世时，他不管多忙，也不管晚上工作到几点，等都忙完了总是先到父母的房间问候一番，而后再回家休息，常年如一日，雷打不动。三哥从 20 世纪 50 年代就享受高知待遇，他挣得很多，相当于一般人的五六倍。每个月发薪后他第一件事就是给我们母亲和给嫂子的母亲送钱，最难得的是在"文革"期间受迫害时，他的月薪降到了 120 元，就这样对两边的老人照样是每月孝敬 40 元，要知道这时的三哥也是 7 个孩子的父亲，他一个九口之家就剩 40 元，很难维持的。可是他挺住了，他没有被困难压垮，他也没有改变对父母的孝敬之心。我记得早年有一次聚会，三嫂的母亲对我妈说："老嫂子，我得谢谢你呀！你养儿子我享福，我这一个跟头就算折皮袄上啦！"说完两位老人都咯咯地笑了，笑得那么香甜！她们为有这么一个好儿子而倍感幸福……

　　"35元!"高速收费站收费员的一声召唤,使我从沉思中回转过来,这时就听三哥说:"我这有。"开车的强子说:"你甭管了!"离开高速路很快就驶进了灯火通明的市区,在三哥的坚持下先把我送回了家。临下车我仍然尽职地嘱咐着:"三哥,您还没有痊愈,不能大意。"

　　"哎,你放心吧老七。你回去也早歇着吧! 明天医院里还有那么多患者等着你救死扶伤呐! 你也是快七十的人了,也得多保重。"

　　车开了,走远了。"你也得多保重!"这句暖人的话回荡在我的心田。我目送着车影暗暗地说:"这就是疼爱我的三哥,三哥,我也爱你! "

# 感恩爷爷

常馨月

　　我是常贵芹的女儿,常宝霆先生是我的姥爷,可是我们这辈儿的孩子从小都喊他"爷爷",从没有称呼过"姥爷",所以我还是用"爷爷"这个称呼吧。从我记事起就一直觉得爷爷是个非常慈祥而有威严的人。真正让我对有这样一个爷爷感到非常骄傲是在我小学二年级的时候,学校在六一儿童节组织联欢会,当主持人说"我们请到了著名艺术家常宝霆老师给我们表演相声"时,台下的老师和同学们响起了热烈的掌声!我记得当时爷爷说了一段关于小学生要讲文明礼貌的相声,他在生动的模仿小学生中不讲礼貌和讲礼貌的两种行为时惟妙惟肖,逗得大家哈哈大笑,在笑声中同学们都觉得常爷爷讲得非常有道理。很长一段时间老师教育大家讲礼貌时还常会举爷爷相声里的例子,而我因为是艺术家的晚辈而在学校中受到喜爱。我那时候就想一定要努力,不能给爷爷丢脸,努力做个像爷爷一样的人。

　　爷爷晚年时,已经离开舞台很多年了,天津老观众对他的喜爱还是令我感动,记得 2013 年 9 月的一天,我坐上一位50多岁司机的出租车回家，没想到车上正在播放爷爷和白爷爷的相声，司机师傅一边开车一边和我聊天"你们小年轻的可能都不熟悉常宝霆了吧？我打小就爱听他和白全福的相声！人家那艺术……"我笑着说："师傅，我认识常宝霆。""啊！你能认识常宝霆？""对！常宝霆是我姥爷！"这个师傅听了非常高兴，一路上讲他的母亲怎么喜欢看小蘑菇的笑剧，怎么爱听三蘑菇的柳活……，到了下车时，司机师傅说什么也不要钱，他说，"你给常先生代好，就说一位喜欢他的老观众想他了……"我当时非常感动，我说"您的心意我一定转达，可不付车钱常先生可不答应！"师傅虽然没有拗过我的坚持，但他却一直在说"我是真心的！我是真心的……！"

我毕业于哥伦比亚大学MBA，现在是中央电视台双语主持人，是央视英语频道财经新闻的主播。当大家对我播报、采访、主持时对中、英文的掌握和屏幕及舞台上潇洒自如的控制大加赞赏时，当我在各个领域取得成绩时，我越发感到我的爷爷常宝霆的语言和艺术天赋给了我强大的基因，而他努力和自律的一生给了我立足社会的根本！感恩爷爷！他永远活在我的心中！

# 后　记

　　由孙福海先生和我共同编著的《永不落幕的相声大师常宝霆》一书能够在纪念常氏相声百年的系列活动中出版发行,使我们感到非常的欣慰。虽然因为时间紧迫,我们没能更全面、更深入地采集资料,会有许多遗憾和不足,也会有很多人物故事没能入册,但是这册书,我和孙福海先生是带着对我父亲常宝霆那份深深的爱来书写的。

　　在孙福海先生眼里,他是给中国相声事业做出卓越贡献的一代宗师,可歌可颂!在我心里,他是想扛起一切责任的辛苦父亲,想诉想书! 所以孙福海先生每每深夜还在伏案,我常常泪湿眼眶百感交集! 这一份献给常氏相声百年的礼物,虽不完美,但足够用心!

　　都说世上没有十全十美的人, 但在我眼里父亲就是十全十美的人! 他从小成名从没恃才傲物,却为相声艺术的创新、再创新竭尽智谋与精力;他上有兄下有弟却为常氏相声的发展处心积虑、勇扛大旗;他对名利的坦荡和释然源于他自己从骨子里的自律和对他人的赞赏;他处处为别人着想的常态换来的是大家对他的爱戴。父亲这个人就是对自己要求过于严格,太有责任心和使命感。在生活上，赡养父母、岳父、岳母他责无旁贷；帮助兄弟姐妹他理所应当；对爱人孩子他尽心尽责；对朋友、同人他热情真诚。在相声表演上，他的压力来自对观众负责的完美奉献。在相声事业上，他说："20岁之前不知道还有'事业'一说，自己的责任就是挣钱养家，让观众喜欢你。而新中国成立以后相声艺术成了"事业"，这是一种使命，能让人升华。"因此"中国共产党党员""天津市市级劳动模范""天津市政协委员""国务院特殊津贴""全国文代会代表""全国青联委员""天津市曲协副主席""天津相声研究会会长""常氏流派相声领军人物""相声表演艺术家"等等这些，他都没有看成是荣誉却当成是他应当更加努力去承担的责任和使命！

当晚年的他被后辈们称为"相声大师"、颂为"相声大家"时，他虽然非常高兴，但一向视观众如亲人的他说："相声这行当不管是'大师'还是'大家'，最重要的是要走近'大众'！"

父亲在弥留之际所遗憾的就是他所期盼的，在当今飞速发展的社会中相声应该有一个新的艺术高度，有一个源于传统而高于传统的状态，一个更具新知识与高品位的认知，他希望相声后人能够为之努力！

在书中，我和孙福海先生对常氏相声流派特点有一些总结——承上而求新、规矩且火爆、帅气且诙谐、贵气且亲民，不一定精准，可这些总结源于越是去了解常氏相声、越是去解读父亲和大爷与爷爷，越感觉到常氏流派所体现的这些特点不单单是相声的一种流派或艺术风格，而是从常连安到常宝堃、再到常宝霆及其他为之努力的常氏传人，他们所呈现的是那种丰富而坦荡的心灵，是那集胆量、智慧、爱心、见识、责任、求新、使命于一身的大格局！这是我们常氏每一个无论从事什么职业的后人都应当继承和发扬的！大爷常宝堃用他不足三十年的生命能量，照亮了常氏上下一百年，父亲常宝霆的艺术和境界在业内业外的赞颂中无疑增亮了这种光辉。对于常氏前辈精神和艺术的研究探讨是我们应当不断去努力做的事情，希望前辈那些刻苦、严格、开明、从善、敬业的精神永远激励着我们！

最后，我代表孙福海先生，对出版这本书给予过各方面帮助的朋友表示由衷的感谢！感谢苏叔阳先生为我父亲的书作序！感谢吴志兵先生真挚相帮！感谢李博俊先生的墨宝！感谢谢岩先生的照片！感谢责任编辑张素梅、装帧设计王烨！对花费时间阅读这本书的朋友表示深深的谢意！

常贵芹